你好 苏大

苏州大学出版社
Soochow University Press

本书编写组 编著

本书编委会

主任
盛惠良　查佐明

委员
（以姓氏笔画为序）

丁　姗　石明芳　吉　伟　孙宁华　肖甫青　吴　鹏　张　庆　陈兴昌
陈晓强　胡新华　钱万里　曹　健　董召勤　靳　葛　缪世林　薛　辉

本书编写组

主创人员
查佐明　钱万里　丁　姗　孙宁华　肖甫青　余　浩

图文提供

朱永新	詹启敏	范培松	范小青	潘德京	王凝萱	李宏伟	王振华
姚　臻	顾明高	王　岩	周伟虎	杨　炯	杨由之	盛广影	张辛皎
杨舒婷	鞠　燃	郭怡宁	巫婷婷	齐佳丽	丁轶群	曹雨涵	李智鑫
张舒洋	白雪菲	顾博文	李　建	申冰洁	吴姣燕	温　泉	吴　晶
吴佳怡	陆天逸	蒋明泰	史　飞	许　愿	吴玉霞	潘　丹	马玉杰
刘　琪	莫佳娴	陈彦君	袁　洁	张东润	陈心怡	彭涔洋	严　明
汤　松	朱贵昌	严　浩	祁　凯	刘选国	林　雨	刘金光	华　乐
姜　帆	李艳艳	单　镭	周俊崧	吴叶音	金万善	刘懿纬	尹　喆
钟　静	李映杏	刘春雷	折琪琪	陈晓冉	王　熠	郑　雾	朱　兰
杜　立	王文利	王启明	杨　帆				

苏州大学党委宣传部　苏州大学团委　苏州大学招生就业处　苏州大学档案馆

插画
武　源　马晓晴　区汶慧

前 言

1900年，是苏州大学前身东吴大学创办的庚子元年，她在姑苏城东南角的天赐庄落地生根。时间长脚、步履不停，蓬勃发展的名校名师、茁壮成长的代代学子和古城相依相伴，与时代同运同行。2020年，又逢庚子年，苏大迎来她的百廿华诞，有万语千言，想说予她。

如果有一本书，能让未曾到过苏大的人读后"怦然心动"，让在校师生读后"自豪满满"，让校友读后"魂牵梦萦"，该是一件多有意义又有意思的事。于是，你们看到了现在这本《侬好 苏大》。

侬好，是千年名城里的吴侬软语；苏大，是天堂学府的简称。我们掸掉档案馆里关于老建筑的文档中的灰尘，请它们自己讲讲身世经历，谈谈心中难忘的那个人，**"登堂入室来"** 带你走近不一样的东吴古建筑；我们讲述苏大创造过的N个"第一"，何人？何时？何地？带你去 **"史上最佳处"** 探秘这些"高光时刻"；**"问道人师间"** 中，我们给各位名师、大牛画个像，邀请你看看是不是和想象中一个样；青春当时，四时正好，流水带走光阴的故事，将太多人难忘的青春和这方校园勾连，请你来 **"故事致青春"** 听听你我他的"小秘

密"；苏州人讲究"不时不食"，苏城有万千值得探寻的美食，苏大也有专属于每个吃货的味觉记忆，**"品味'食'尚美"**说说苏大如何"暖胃"又"暖心"；漫步校园，人是画中景，颜值担当的苏大景致也常在荧幕亮相，**"影视歌如画"**邀你听歌看剧，赏味荧屏苏大；一方水土养一方人，看**"东吴出名士"**展示文化兴盛、名士辈出、代有风流；名城名校，融合发展，苏州的古韵和苏大的今风如何完美"混搭"，且看**"苏式新天堂"**里的高端大气上档次；要想C位出道，实力还是王道，**"苏大硬实力"**为你讲述她如何圈粉无数……

当然，百年积淀的苏大故事无法用这数十篇文章介绍详尽，岁月铭刻的苏大情缘也不能用这九个篇章展示完全，思来想去，就用rap风格来一段话吧：这里有"国宝"级校园等你打卡，十佳校训令你潜移默化，最美图书馆盼你做学霸，名师大咖教你学做贤达，科研重器让你梦想发芽，"百团大战"有你风云叱咤，甲天下的园林等你来耍。

一句话，世界那么大，我就中意她——您好，苏大！

目录

第一章 登堂入室来

- 2 这个牌楼,很有排面
- 4 东吴建筑群中的"一哥"
- 6 做过这本数学练习册的请举手
- 8 东吴情缘代代传
- 10 从一个孤儿的梦想讲起
- 12 小白楼拿了"双料冠军"
- 14 仁寿亭记
- 16 自带游泳池的博物馆
- 18 对面的女孩看过来
- 20 一众古建老哥中的小兄弟
- 22 学霸之光文星阁
- 24 干将路最"靓"的仔

第二章 史上最佳处

- 28 学海无涯,我有桴槎
- 30 追寻中国最早的化学硕士
- 32 走,咱们穿越去
- 34 东吴法学的那些事儿
- 36 醉美,天赐之地
- 38 养天地正气,法古今完人

- 40 敢于"吃螃蟹",成为境外办学第一校
- 42 人道之花初绽姑苏

第三章 问道人师间

- 46 杨永清校长的"忘不了"
- 48 郑辟疆与费达生姐弟:丝江南
- 50 "章疯子"的癫狂岁月
- 52 柴德赓:屹屹青峰
- 54 东京审判:倪征燠智审土肥原
- 56 "老母鸡"钱仲联
- 58 杜子威:一不小心上了中考试卷
- 60 差点把院士当作邻家大伯
- 62 半生中国梦,纳米梦之队
- 64 潘君骅:闪耀星空的追光者

第四章 故事致青春

- 68 在天堂读书的日子
- 71 苏大"本部",风景独好
- 74 我不是一天到晚泡在书堆里的"书虫"
- 76 我的七张家庭报告书
- 78 告白苏大:你是我写过最美的情书
- 82 不一样的"百团大战"
- 84 辩论之趣:真理拆半

- 87　秋的邂逅
- 88　姜昆题名的相声社团，我参与创建的
- 90　惠寒精神：大山里的故事
- 92　苏大：是你让我成长
- 94　致苏大博物馆的一封信
- 96　得遇苏大，春风临怀
- 98　龙舟上的飞驰人生
- 101　苏大印象
- 102　一眼"贝雷帽"，一生苏大人
- 106　舞动的青春，传承的力量
- 108　凤凰花开，我们毕业啦

第五章　品味"食"尚美

- 114　舌尖上的苏州二十四节气
- 118　寻味四季：与苏大的春夏秋冬
- 120　一食堂炒饭公会
- 122　苏大月饼伴你度秋光
- 124　校园美食节：冬至阳生春味来
- 126　"苏大"牌泡面暖心暖胃
- 128　这份美味，很有"分量"
- 131　幸福的味道可兼得

第六章　影视歌如画

- 134　影视剧里的苏大，你见过吗
- 136　陈道明到苏大找濮存昕是怎么回事
- 138　到存菊堂，与昆曲来一场邂逅
- 142　缘是江南遗梦
- 144　苏大版《南山南》以古风之美爆红网络
- 148　共创一曲《思江汉》，为武汉加油
- 151　东吴大学校歌

第七章　东吴出名士

- 154　"洋囡囡"杨绛
- 156　顾维钧初学记
- 158　"新中国最美奋斗者"马寅初
- 160　丁香，丁香
- 162　"东吴小姐作家"的才和情
- 164　金庸：大师兄，大英雄
- 166　马可：远离时尚圈的服装设计师
- 168　陈艳青：不肯掰手腕的奥运举重冠军
- 170　吴志祥：从地下七十二层慢慢往上爬

第八章　苏式新天堂

- 174　大学与城市的世纪之恋
- 177　打卡苏州，情迷苏大

- 180 家门口的苏大
- 182 好巧遇见你
- 185 独墅赋
- 186 弦歌不绝话恩玲
- 188 水晶莲花,盛满书香
- 190 在北校区的遐思
- 192 嘘,听说苏大有神器
- 194 坐在自习室前排的那位姑娘
- 196 一米阳光

第九章 苏大硬实力

- 200 大学排行榜中的"苏大强"
- 202 ESI排名,苏大走起
- 204 探秘"宝藏"基地班
- 209 *Nature* 舞台专业大秀
- 216 这座"桥",连接着四海
- 218 55位院士,你是我们的骄傲
- 220 刘庄:科研路上不走捷径的奔跑者
- 222 遇见敬文
- 226 张煜棪:从唐文治书院到哈佛的苏州小娘鱼
- 229 我的紫卿,我的家

后记

第一章 登堂入室来

　　天赐庄校区里的东吴大学旧址,自带"国家重点文物保护单位"光环,又喜获"第四批中国20世纪建筑遗产名录"盖章认证。

　　当您穿过东吴大学校门牌楼,风格各异的建筑渐次映入眼帘,钟楼和南草坪周围的精正楼、维格堂、博物馆、子实堂、葛堂……犹如一个小小的建筑博览会,串联起了人们对百年名校的记忆和联想。

　　谁是建筑群散发魅力的"排面担当"?谁是当之无愧的C位"一哥"?从一个孤儿的梦想到自带游泳池的博物馆……快快随我来一探究竟吧!

苏大手绘地图

苏大VR全景

这个牌楼，很有排面

大学的校门是一座大学最引人遐想的地方，它凝聚着大学的历史，传递出时代的信息，迎接着未来的希望。在天赐庄校区里，简朴传统却又宏伟庄严的东吴大学校门是公认的网红打卡地，来苏大不在这里咔嚓咔嚓留个影，总是要遗憾的。

这座透着洋气的四柱三门牌楼式校门始建于何时我们不知道，现在看到的校门是重建的。1948年5月，戊辰级（1928级）同学毕业20周年返校聚会之时，由本级学生筹资重新修建，当年完工。所以最东侧门柱上镌刻着"民国三十七年戊辰级重建"，至今也有70多个年头了。

正门上"东吴大学"几个字可是大有来头。东吴大学成立25周年纪念文集《回渊》中有一幅"入德之门"的照片，正中上方有"东吴大学"校名，署"翁同龢书"。苏州人翁同龢那可是状元及第、天子门生，更厉害的是他还有着同治、光绪"两朝帝师"的特殊身份。

在校门的背面上方，原来有句英文"UNTO A FULL GROWN MAN"，这是东吴大学早期的英文校训，现在苏大圆形Logo里面一圈文字就是这句"英格里希"。背面门柱上竖刻的"养天地正气，法古今完人"，则是由首任华人校长杨永清执掌东吴大学后提出来的中文校训，1929年正式使用。

这中文校训更是了得，它出自孙中山先生的手书，该墨宝至今仍保留在台湾中正纪念堂。当时学校向南京政府登记时，需要一个中文校训，就找到了孙中山

先生所写的"养天地正气,法古今完人"两句作为中文校训,也反映了东吴的创校理念与精神。

1950年,抗美援朝战争爆发,东吴师生爱国热情空前高涨,1951级学生将英文校训抹掉,刻上"全心全意为人民服务"字样,激励师生为站起来的中国人民服务。1952年8月,在东吴大学旧址成立江苏师范学院,又将东吴校名与中文校训用水泥封掉。直至1998年,苏大又去除封泥,恢复旧貌,显示"东吴大学"校门上的校名、中文校训,但英文校训上封泥未除,仍为"全心全意为人民服务"所覆盖。2013年,包括校门在内的东吴大学旧址,作为近现代史遗迹及代表性建筑类别入选"第七批全国重点文保单位名单",成为名副其实的"国宝"。

百余年来,这座校门承载了东吴大学精神的精髓,串联起了人们对东吴的记忆和联想,也成了今天苏州大学的经典象征。当我们一脚跨进校门,尘世喧嚣便关在门外,扑面而来的就是书生意气。

东吴建筑群中的"一哥"

走进东吴大学校门,首先映入眼帘的就是高大、富丽、帅气的钟楼。这个"高富帅"的"U"型建筑结构就如人的双臂,舒展张开迎接天下英才。

钟楼在东吴大学期间是用作图书馆、礼堂、授课室及实验室,新中国成立后为外语楼,现在用于行政办公。在东吴大学旧址建筑群中,钟楼的"一哥"地位无楼撼动。

"一哥"楼龄最高。 钟楼"大事年表"显示,1901年开始建设,1903年落成,至今已经117岁,说"钟楼爷爷"一点不为过。钟楼曾用名"林堂",因纪念东吴大学奠基者之一林乐知得名。前几年,苏大专门请雕塑家做了一尊林乐知的雕塑,置于钟楼门前。看到他,我就想到KFC门前那个肯德基爷爷,笑容可掬,富有喜感。

"一哥"C位出道。 钟楼位于当年学校的中心部位,北对东吴校门,南对运动场及教学、生活区,楼上层的钟塔位于整个校区的中轴线上,穿过钟楼正门，视野一下变得开阔起来，看到草坪两侧风格各异的建筑，你犹如置身一个小小的建筑博览会。西侧依次是孙堂（精正楼）和维格堂，东侧依次是葛堂（维正楼）、子实堂。其中，孙堂建于1908—1912年，当属"老二"，"三弟"就是1922年建造的葛堂。这就如开会排座次，是很有讲究的，即使不摆放席卡，谁是"老大"，一目了然。

"一哥"颜值爆表。 钟楼是由英国设计师设计的，1903年建筑落成时，校长孙乐文自豪地认为它是当时中国最漂亮的大学建筑。怎么个漂亮呢？我要清清嗓子，读一段专业人士在《苏州大学百年建筑》中对它的描述：钟楼以红砖勾勒框架和窗楣，青砖填充墙面，而柱式、线脚和花饰则为石制。高高耸立的钟塔在外廊和两边壁柱的衬托下显得优雅挺拔，青红砖墙与石材条带组合而成的色彩基调沉着而明快。

"一哥"钟声不老。 钟楼，顾名思义，顶部有报时大钟。现在我们看到的钟，可不是当初的模样。据说，钟楼基本完工时，只有一面有计时钟。1934年，校友陈霆锐博士和他的夫人慷慨捐款，为钟楼重置了一套四面报时钟，这便是目前钟楼上钟的由来。这套钟的式样非常美观，当时四面均镌有格言，东面为"明德新民"，南面为"自强不息"，西面为"达才成德"，北面为"笃学力行"。捐赠人将这些励志词语印在表盘上，相信也是对母校师生热切的期盼。

今天，本来与钟盘铸在一起的励志文字多已缺失，但大钟依然还在服务着苏大师生。白天每逢整点、半时，钟声都会悠然响起，提醒着师生明德新民、自强不息、达才成德、笃学力行。

做过这本数学练习册的请举手

新生报到时，踏进天赐庄校区，不少同学都会惊呼："天哪，《高中数学教学与测试》！"没错，就是这套由苏州大学出版社出版、封面印着数学科学学院所在地精正楼照片的高中数学练习册。

高中时把自己的名字写在练习册精美的封面上，现在路过精正楼，真有点走进画里的感觉，这是不是一种奇妙的缘分呢？为什么是它"荣登"练习册封面？我猜，也许正如德智体全面发展的"三好学生"一样，精正楼是实至名归的"三美地标"。

一是建筑之美。 样貌俊、有"颜值"是它胜出的关键。罗马城堡式的建筑充满异域风情，门洞上部缀有精美的石雕花饰，哥特式尖券造型搭配上蓝天绿地，更不用说一侧爬满藤蔓的墙体，常年郁郁葱葱，漫步楼前真有在"哈佛""耶鲁"一众"常春藤"名校的感觉。你可能想不到，精正楼门楼顶部的平台曾经也是个闪亮的"舞台"，每逢运动会，东吴大学学生军乐队便会在这里闪亮登场。

二是历史之美。 为纪念首任校长孙乐文而命名为"孙堂"的它在1912年投入使用，当时的校长葛赉恩就感叹道："楼里有行政办公室、背诵室、自习室、文学会，大楼真是太棒了，非常适合我们的教学需求。"它不仅外表靓丽，实力也绝对不输，楼内陈设还保留着古朴的风韵，踩在一级级的木楼梯上发出的"吱吱"响声带着些许神秘，不用跟风，自带"复古"！

三是数学之美。 精正楼现为数学科学学院的办公场地，入内的走廊处展示着学院的历史沿革、人才培育、学科发展情况。苏大的数学学科培养了一大批优秀的人才，更让许多热爱数学的人投身广阔的基层教育，学院老师精心编写的这套《高中数学教学与测试》也成为高中生活中躲不过的"爆款"。我想到了一副有趣的对联,"世事再纷繁,加减乘除算尽;宇宙虽广大,点线面体包完",在魔法城堡一般的精正楼里学习,会不会有"学霸"魔力加持呢?

苏大社版的《高中数学教学与测试》是多少届高考学子的集体回忆,雅致、精巧的精正楼不仅纪念着孙校长呕心沥血为教育的伟大献身精神,更承载了苏大历经百年的成长回忆,写满了苏大数学人励志笃学的岁月沉淀。

高中的小伙伴们,再打开这套数学练习册的时候,记得认真做它!做它!!做它!!!

东吴情缘代代传

每年的5月下旬,一个特别的日子总会在阳光灿烂的周末如期到来,那就是苏大校庆日!老、中、青几代苏大校友总会在这一天相约"回家",热闹的校园里不乏一家人都结缘东吴的"苏二代""苏三代"。现在出场的"嘉宾"——维格堂,就和一家三代人的东吴情缘紧密相连。

故事可以从2009年3月18日,那一封特别的校友来信说起。

这天,时任苏州大学档案馆馆长的张菊兰收到了校友、中国工程院院士、南开大学教授李正名先生发来的一封邮件。邮件中说其妹李明真博士在临终前以他们父亲李中道先生的名义捐款给苏大法学院，用以奖励优秀学子，纪念其父亲在东吴大学法学院的教学经历。

写信的李正名就是一位"苏二代"，他在东吴附中毕业后，赴美留学，在动荡的年代，和许多热血青年一样，满怀爱国热忱的他毅然回到了百废待兴的祖国参加社会主义建设，后来在天津南开大学从事教学科研工作五十余载，成绩卓著，成为我国有机化学和农药化学界的著名学者；他的父亲李中道先生从东吴大学法学院毕业后，留美深造，学成归来后任教于东吴大学法学院。勤恳"传道、授业、解惑"以外，他还担任东吴大学校董，为学校的发展悉心筹划，建树良多。

父子两人与东吴校园缘分颇深，你可能要问了，不是三代人的情缘么？是的，家族缘分的起点，还要追溯到李正名先生的祖父——我国近代钢铁工业史上著名的实业家李维格。

曾参与维新运动的李维格老先生，曾是上海中西书院的学生，非常热心教育，他将上海四栋房产捐赠给了母校东吴大学，并以其收益所得作为奖励自然科学研究之用。俗话说子承父业，李氏子孙所"承"的不是职业、房产，而是长辈对科学的倡导和对教育的热忱。李老先生宝贵的捐赠很快派上了用场，20世纪30年代初，东吴大学校方征得李中道及胞兄的同意后，将房产出售，变现兴建了如今的维格堂。

四层高的维格堂坐西向东，暗红色的面砖彰显着古韵的端庄，门前的李维格铜像讲述着一家三代人与苏州大学温情的渊源，漫长的岁月静静流淌，一门三代人对东吴大学、苏州大学的感情始终不变。李氏子孙是在这方校园里学习成长的优秀校友，这座维格堂也成为了见证李维格先生一生关注教育、倾心奉献的历史文物。

走进维格堂，不忘李维格。

从一个孤儿的梦想讲起

细心的你不难发现,东吴校园里的建筑可不是什么平淡无奇的小楼,林乐知、孙乐文、曹子实、李维格……这些校史上响当当的名字都可以在校园建筑的命名中找到痕迹。下面就为你讲讲为纪念存养书院、博习书院的创办人曹子实而命名的子实堂。

和许多出身名门、饱读诗书的文化大儒不同,曹子实的人生着实是以"困难模式"开启的。出生于浙江秀水的他年幼时父母双亡,只能随兄长流浪到上海沿街乞讨,直到11岁那年被传教士蓝柏夫妇收为养子,命运才有了一丝转机。他跟随养父母到了美国，并受洗入教。也因为机缘巧合，他跟凯利医生学过一些医术，成为唯一参加了美国南北战争的中国人，还靠打工进入美国学校读了四年书。

年轻的曹子实在命运的游戏里层层闯关，1869年，在异国他乡生活了十年后又踏上了祖国的土地，被派到苏州传教布道，多年积攒的丰富"技能"此时也派上了用场，他用兼职给左邻右舍看病的方式，逐渐接近民众。

与医治身体相比，医治心灵更重要，不是吗？这个苦命的孤儿心中埋藏已久的梦想——办一所学校也终于有了实现的机会。1871年，他在苏州葑门内十全街租下教友殷勤山之屋，开办了十全街主日学校。后来，学校迁入天赐庄，命名为"存养书院"，这就是苏州最早的教会学校。1884年，存养书院改名为"博习书院"，后来其迁到上海。1896年，宫巷书院在监理会办学的蓝图规划中隆重出场，再后来，其迁入天赐庄，没错，东吴大学诞生了！

曹子实为这个学校倾注了许许多多的精力，也为基督教监理会在苏州的传教事业打开了局面。他虽然坎坷但从不放弃的人生经历，在这些入校读书学习的寒门子弟心中种下了梦想的种子。

坐东向西的子实堂楼高四层，风格简朴、装饰简约。本用为学生宿舍楼的它如今看上去虽没有身边的"大哥大"那么惹眼，但在东吴时期的校园里也是极为重要的建筑。如今循着木楼梯而上，推开窗便能看到典雅的钟楼和葱翠的大草坪，简约但不简单的它与周边古朴的建筑相互映衬，承载起岁岁年年的东吴记忆。

小白楼拿了"双料冠军"

漫步天赐庄校园,一幢小楼讲述一段故事,一块石碑连接一份情缘,如果开一场东吴老建筑评比大赛,不管论"年纪"还是论"颜值",校园内的参赛"楼"个个都能手捧奖杯登上领奖台。钟楼东南侧立有一座小白楼,看着挺低调,实际可是名副其实的实力派选手。今天就给你介绍下葛堂——这位"双料"冠军!

为它颁发的第一个金牌是东吴质量金奖。1922年奠基建造,1924年建成的它是东吴大学第一幢钢筋混凝土建筑,哥特式扶壁和尖拱门洞装饰的美丽外表下,是无比坚固的内"芯"!俗话说,基础不牢,地动山摇。建造之初,由于葛堂的地基一半在地面上,一半在水田里,就筑起了深达一二尺的钢筋混凝土底座,巧用结构工程学原理,才能承其重量。葛堂质量有多"过硬"呢,它曾遭受过日机两枚炸弹袭击,仍安然无恙!

它获得的另一个金牌就是东吴创新金奖,这就要说说它作为姑苏城内第一所科学馆的"成长史"。走过初创期的种种探索,东吴大学在第二任校长葛赉恩的手上迎来了第二个十年,交付使用的葛堂火速"上岗",为校园里的理科系科提供教学服务。时髦的它配备了齐全的各项仪器设备,有大量实验室,还有阶梯大教室及其他教室、储藏室,可见葛堂不大,"五脏"俱全呢。1950年,这里还举办了东吴大学自然科学展览会,当时最新的科教成果、学术成就在这座科学馆里闪亮登场。

聪明的你一定猜到了,既然叫"葛堂",一定与葛赉恩有很大关系。"葛

堂"的名字正是为了纪念葛赉恩之父。虎父定无犬子,葛赉恩校长任职期间的业绩也随着葛堂的故事写在了东吴大学的纪念册上。

现如今,葛堂也被叫作维正楼,宁静优雅的它和孙堂遥相呼应,和林堂彼此凝望,见证着苏大师生一如既往地开拓新思想,创造新境界。

仁寿亭记

钟楼东边小假山上的亭子,从来不知道叫什么名字,周围花木扶疏,环境清幽。20世纪80年代我上大学的时候,亭子西边的钟楼还是外语系教学楼,男生、女生们晨读,常常会沿着小路到亭子里,甚至还有其他系的男生不远"千米"来伴读,或坐或站,或来回走动,琅琅读书声使这个地方的早晨异常热闹。

知道这个亭子叫"仁寿亭",是我工作以后。据记载,亭子原建于1948年,是为庆祝东吴大学两位前任校长文乃史博士、葛赉恩博士80华诞以及为校服务50年,校友们集资而建的。据说,1948年11月落成典礼时,文乃史站在亭子中与师生合了影,之后便站在那里,回首静静地东望着,河对岸那个安乐园是他相濡以沫的妻子安息的地方。

1896年,文乃史离开美国范德比尔特大学,告别了家人,带着新婚的妻子登上了前往中国的轮船。他先是在上海中西书院任教，后来又到了苏州，参与东吴大学的创办，是最初的六名教职员之一。1922年文乃史接替葛赉恩担任东吴大学校长，校务有了进一步发展。1927年他辞去校长职务，但仍然服务于东吴大学。太平洋战争爆发后，东吴大学停办并开始内迁。那一年他的夫人在上海去世，后来归葬于与东吴校园一河之隔的葑门外安乐园。当时许多人劝他回美国，他却说："中国需要我，东吴需要我，长眠地下的夫人也需要

我，此时我不能走。"1943年，他在上海被日军抓进集中营，因为杳无音讯而盛传在集中营中遇害，年底在美国政府与日本交换战俘后获释回到美国。抗战一结束，已经78岁高龄的文乃史不顾自己年高体弱，立即回到中国，他要看看魂牵梦萦的东吴校园，他要陪伴在妻子的身边。在迎接他的欢迎仪式上，他说，来华五十多年，没有去别的地方，始终在东吴，他是永远献身东吴了。然后他往返于苏州和上海，全身心投入到东吴大学的恢复和重建。为了节约开支，他坐火车常常选三等座位。他说，战后的中国，更应当刻苦耐劳以加速复兴与建设。

1964年，文乃史在美国病逝。他留下遗言，希望儿子把他的骨灰撒到东吴校园，他想继续守护着这片校园，继续陪伴在爱人的身旁。1978年，其子将他的部分骨灰撒在了东吴校园。

仁寿亭，记载了怀有仁爱之心、胸怀宽广的可爱可敬的美国老人，他们都有一颗"东吴心"。

仁寿亭，依然在那儿，树木围绕，依然秀丽而幽静，不过现在的名字叫"沁心亭"。

自带游泳池的博物馆

许多大学都有自己的博物馆,用以收藏学校前世今生的珍贵记忆,建校110周年时正式开馆的苏州大学博物馆也不例外。要说它有什么特别之处,外墙废砖搭,自带游泳馆,听上去就很奇特的"文体"混搭是不是让你充满了好奇?这就带你去这座曾是体育馆的博物馆一探究竟。

炎热的夏季,东校区游泳馆是消暑的好去处。你可知道,早在1929年,宽10米,长25米的东吴大学司马德游泳池就在学子们的热烈期盼中建成了。池壁上刻有"SMART NATATORIUM"的它是当时最好的游泳池,这里不仅举办过高规格的省级游泳选拔赛,还开展过赈灾对抗义赛呢。不仅有游泳馆,在更早的时候学校也有了司马德健身房,但随着招生人数的扩展和东吴体育的发展,更新、更现代化的体育馆必须"下单"建造了!

你肯定要问了,司马德何许人也?他的学生会大声地告诉你,就是教我们数学的体育老师!他是数学教授、体育教员、全能运动员、管理人员。他组建了中国最早的"辫子足球队"、东吴大学的第一支田径代表队,放在今天绝对是个"斜杠青年"。在当时的东吴校园内,各种体育社团已经悄然兴起,精彩的体育赛事更是比老苏州的"轧神仙"还要热闹。正是为了纪念司马德对东吴大学体育教育的贡献,学子们翘首以盼的"司马德体育馆"开建了。

然而理想很丰满，现实却很骨感，庞大的建筑经费着实令人犯难，社会各界你捐卫生设备，我凑砖瓦料钱，东吴的师生甚至走上苏州各个街道，动员亲朋好友，真正"人人尽力"，多的上千，少的几元，集腋成裘。还有一则无心插柳的趣闻，相传由于实在"手头紧张"，学校还与一砖瓦厂协商，师生们亲自上阵免费搬来许多烧坏的废砖和坏砖，砌在体育馆外墙表面，凹凸不平的墙面反而起到了意想不到的建筑效果呢！

落成后的体育馆式样之美、质量之优是当时国内高校所罕见的。几十年之后，司马德体育馆和原本的游泳池一起摇身变成了如今的苏大博物馆，成为展示校史校情和举办文化活动的重要场所。它的外观修旧如旧，保留着历史的样貌。游泳池上也被覆盖了天蓝色的玻璃板，成为见证东吴体育历史的特别"文物"。

司马德将东吴大学带上了通往现代体育的跑道，东吴学子一路奔跑结缘奥运，苏大青年再续前缘为国争光，先后走出陈艳青、吴静钰、孙杨等奥运冠军，他们带着东吴体育的梦想不断飞奔，走得更高、更快、更强。

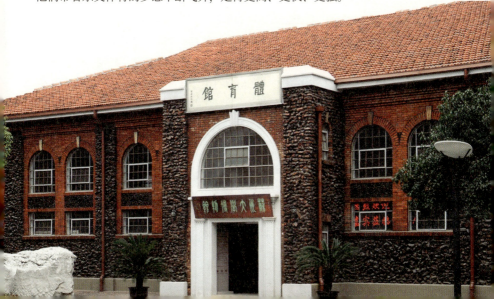

对面的女孩看过来

  在苏州，素有"东吴大学多才子，景海女师多佳人"的说法。佳人常伴才子，这不，景海女子师范学校和东吴大学两处旧址也是校园中的"最佳拍档"。

  因这漂亮的西式校舍主体是红砖砌成的，自然而然就一直被称为"红楼"。有"红楼"，难道还有"绿楼"？还真的有，欢迎你日后来天赐庄校园里探探秘。每日路过红楼的你，是否也有这样的疑问："景海"是地名还是人名？"女师"里的女孩子是什么模样？看来，名字里还藏着不少故事呢。

  为什么叫"景海"呢？这要追溯到其前身——景海女塾，红楼正门门楣上刻的"THE LAURA HAYGOOD MEMORIAL 1903"（可译为"纪念劳拉·海淑德 1903年"）为我们提供了线索。"景"取"景仰"之意，看来"海淑德"是关键人物了。海淑德是美国基督教监理会派到中国的第一位女传教士，她毕业于美国威斯理安学院，这是世界上第一所有权向妇女授予学位的学校。1892年，海淑德担任了上海中西女塾的首任校长。1900年，她在上海去世，景海女塾就是为了纪念她开办的。

  继续说说关于"女师"的故事，采用双语教学，设有国文、英文、算学、理化等科目的景海在当时算得上是洋气十足的贵族学校，用现在的眼光看，也绝

对"高端大气上档次",名媛淑女争相求学,收费昂贵,当时的中产阶级以上家庭都以能将自己的女儿送进景海为荣。

1917年,景海女塾正式改名为苏州景海女子师范学校,设音乐师范科、高中师范科、幼稚师范科三个科,并附设幼稚园,以后又增设日间托儿所,逐渐推行中文教学,学费收得较少了,也让更多的青年女子有了学习的机会。

让人竖起大拇指的景海女师造就了一批又一批的新式知识女性,也成就了很多个意义非凡的"第一",比如1907年考入景海女塾的吴贻芳,后来出席联合国成立大会时成为在《联合国宪章》上签字的第一位女性;1936年保送景海女师的赵寄石是我国第一代著名幼儿教育专家;翻译家薛琪瑛是第一位在《新青年》上发表文章的女作家;中国近代史上第一位女大学校长杨荫榆也毕业于此……

每年毕业季,红楼是最热门的毕业照取景地之一,青春活泼的女孩子配合着砖红色建筑的"民国范",换上青蓝色的上衣和及膝的中长裙,捧着线装书,踩着深色的布鞋款款而来。如果这时候路过的男孩唱一句"对面的女孩看过来",是不是有了许多"古典与时尚"混搭的奇妙韵味?

一众古建老哥中的小兄弟

漫步天赐庄,穿过钟楼前的草地拾级而上,便进入法学院大楼。苏大本部的老建筑动辄百年,给你一种文化厚重感,进入这栋大楼却会让你立即轻松起来,但大楼建筑风格在活泼中分明又能体味出苏州园林和老东吴的味道,幽远而含蓄。

在中国法学教育史上素有"北朝阳,南东吴"的说法,"南东吴"就是现法学院的前身,即始建于1915年的东吴大学法学院。作为最早开始近代法学硕士研究生教育的法学院,它在国内首开外语法律教学、西式学制和英美法教育之先河,至1952年停办,培养出了一大批法学大师和法律名宿。第二次世界大战结束后,参加东京审判的17名中国法官中,有10位来自东吴法学院,在国内各地对日本战犯的审判中,东吴法学校友更是数量众多,在当时的国内和国际法律舞台上都扮演了极其重要的角色。

2000年,苏州大学百年校庆,东吴校友齐聚苏大。1938届东吴法学院校友王健先生携次子、美国著名华人企业家、CA公司创始人王嘉廉先生回校参加校庆活动,王健先生父子毅然决定捐资1000万美金,建设法学院大楼,资助学院发展。为弘扬他们的爱国助学精神，2003年大楼落成启用时法学院易名为"王健法学院"。王健先生幼子王巽廉先生及其夫人杨文玉女士更在大楼落成前一年被聘为苏州大学兼职教授，多年来长期关心和支持法学院发展。新大楼中西合璧，功能齐全，虽现代气息浓郁，在古朴的本部校园中却毫无违和感，灵性十足，吸粉无数，不少访客不吝赞美之词地评价道：国内最美法学院，没有之一。

大楼在原东吴大学校址上因地势而建，分东西两楼，曲、直两廊相连，西楼与钟楼相对，大体量的东楼则被隐于本部核心区之外，傍河枕桥，整体谦逊地呈现出与周遭百年古建相称的体量，营造了新老建筑和谐对话的融洽氛围。置身于大楼连廊和大厅，内外景致尽收眼底，大楼内外环境交相辉映，呼应着校园传统，也呼应着这座城的文化。

百年苏大不知有多少人来来去去，将记忆和牵挂都留在了这里，一草一木、一砖一瓦都是打开往昔记忆的钥匙。中庭的五棵古树都已近百年，守候着静好岁月，更留住了牵动思绪的那把钥匙。

法学院大楼是现代建筑，但架空、虚水、借景和众多共享空间设置的理念无不来自古典园林。方正的外表下，随处可见圆形廊框和天井，外方内圆暗合着法律人以规则的方正棱角，怀着协和圆融之初心，匡扶正义，维护和谐。哪怕是外立面红灰相间的黏土烧砖，尺寸色泽也和对面钟楼的相差无几，延续着这座百年老校的历史印迹，表达着对传统的敬意。

器美酒更醇。作为东吴法学在大陆的直接传承者，苏州大学自1982年恢复法学教育以来已为社会培养近两万名法律专门人才，义不容辞地赓续着"德法兼修、家国情怀、公平正义、国际胸怀"的东吴法学精神。

无论从百步街由南而进，还是从干将路自北而来，居于天赐庄校区中轴线南端的王健法学院，在你这段校园旅程中或是开场白或是压轴戏，它和着钟楼百年的钟声，努力讲好自己的故事，不负东吴法学先贤的凝望，亦不负百廿苏大之盛名。

学霸之光文星阁

在苏州大学,不出校门就能在精美的老建筑群中徜徉,循一处处旧址,听一段段故事。今天的主人公方塔,就位于东吴大学旧址建筑群的北侧,要论资排辈起来,大家还都得叫它一声"老大哥"呢!

"方塔"其实是它的俗称,也就是"小名",还被惯称为"钟楼",它的真名叫"文星阁"。从名字中就可以知道:方塔很"方"!阁高四层,砖木结构,翼角起翘,像欲展翅翱翔的飞鸟,下砌三重青石高台基,四层都是标准的方形;钟楼有"钟",中心形成四方空井,中间放置着横梁,悬挂巨钟,钟上还铸有"文星宝阁"铭文。据说大钟已经损毁,可能因方塔"年事已高",现在并不能让人进塔一探究竟,这些故事都成了颇为神秘的"江湖传说"。

谁还不是个老"古董"?方塔始建于明嘉靖二十年(1541年),现存阁为清乾隆十七年(1752年)重建,同治年间重修。咸丰十年(1860年)至同治二年(1863年),文星阁曾被太平军用作探望军情的望楼,附属殿阁斋堂毁于兵火。

同治九年(1870年)修阁，现阁南仅存的桂香殿为同治十一年（1872年）修建，成为名儒文士讲学会文的胜地。

方塔这位长寿的"老大哥"，从最早的风水塔，辗转变成望楼，到如今安然屹立在古色古香的大学校园中，成为了漫漫历史的珍贵见证。

文星阁现"文曲星"。如果说外形特别、历史悠久是它的自然属性，那"学霸"光环就是它的"新技能"了。"文星"指文昌星，还有个更为熟知的名字——文曲星，在古人朴素美好的期待中，文曲星主文才。苏州自古出状元，历史上文武状元共出过51位，进士共有3000余人。苏州人为什么喜欢读书呢？民间有个说法，这与城内有"文房四宝"有关。苏大的方塔就如砚台，校园边上的双塔就如两支笔，一支写大楷，一支写小楷，府学里的池塘是墨，整个苏州城就是一张上好的纸。有了这"文房四宝"，读书的气氛就更加浓厚。

如今的方塔日渐"低调"，塔下的"风水宝地"荫庇了更年轻可爱的群体——幼儿园的小朋友们。方塔东侧建起了篮球场，活力四射的苏大人和苏二代以方塔为背景，继续勤奋、乐观地学习生活。2016年，学校也以此命名"方塔发布"平台，让"方塔"再次发声，记录苏大、传播苏大，在新时代继续传播苏大精神。

干将路最"靓"的仔

"嘿,小度小度,导航去苏州大学。"如果你对智能的导航软件说出这句话,"地大物博校区多"的苏大可能会出现N个选择,位于干将东路333号的天赐庄校本部北大门总是稳居TOP3。

坐拥苏州城市黄金地段的天赐庄校区交通便利,地位之"优越"不言而喻,作为北大门"门面"的理工楼更算得上是地处"铂金"地段了,"段位"如此高的理工楼究竟有什么特别之处呢?

它是这条街最"靓"的仔。年份不够,颜值来凑,2001年竣工的它和老校区的古建筑比起来是"小老弟",但完美平衡了古朴和现代的它成为了苏州大学走向21世纪的标志性建筑。既要"原汁原味"地贴近古城规划,又要符合学校风情和人文环境,还要符合日益发展的苏大学子的学习需求,确实是一项不小的工程呀!

总投资5500万元,从设计到施工步步扎实,美籍华人王健先生曾专门对大楼的设计和施工进行了考察,对符合古城特色的优美设计和优质的施工质量表示了充分的肯定和赞赏。这幢功能强、容量大的理工实验大楼在当时可是最先吃螃蟹

的"弄潮儿",2002年时全省的理工实验大楼我们这是独一个,更是拿下了我国建筑行业工程质量的最高荣誉——著名的"鲁班奖"。

它是这条路最"亮"的楼。微风习习的夜晚,登上相门城墙看看古城的灯火是极大的享受,远处东校区凌云楼尖尖的顶和一河之隔的理工楼相映成趣。傍晚时分,沿理工楼外墙棱角延展的彩灯一齐亮起,装点起古城的夜色。夜晚漫步的你,是不是一看到有气势、有风度的理工楼,也能立马标定学校的位置呢?

它"鼎"牛了。值得一提的是,理工楼前还有尊很有来头的大鼎,那是苏州大学100周年校庆时江苏省人民政府向学校赠送的青铜宝鼎。宝鼎高三米,重三吨,鼎内镌有我校国学大师钱仲联先生撰写的铭文。一是希望苏大在新的百年问鼎科学高峰;二是希望苏大不断革故鼎新,与时俱进;三是表示江苏省委、省政府对苏大的发展会鼎力相助、鼎力支持,承载了满满的祝福。

最"亮"也最"靓"的理工楼是校园的北门面,外头是风光旖旎的魅力古城,里头是东吴老校的书香雅韵。如今,集现代感和古典美于一身的它依旧是干将路上最靓丽的风景。

第二章 史上最佳处

"你的名字美极了。真的，单单你的名字就足够我爱一世了。"王小波的浪漫情话，让人不由得想说给母校听。

校名从"东吴"变成"苏州"，皆恍若浸润着天地间的诗意，是春船绮罗，是丁香愁结。百廿年前的墙砖老树，在每个星夜低语：东吴东吴，春风广被，化雨沾儒。

校名从"东吴"变成"苏州"，又恍若昭示着旭日新生的朝气，是东曦既驾，是作作有芒。拔地而起的堂皇广厦，在每个白日高唱：苏大苏大，鹏程万里，征途似锦。

这里是史上最佳处，有历史，有美景；有才情，有创新。

你岁方豆蔻，苏大等你金榜题名；你桃李年华，苏大与你共披荣光；你历尽千帆，苏大是你一世归处。在每一个苏大人眼中，苏大就是一个能与灵魂共鸣的名字，一旦踏入校门，我们便不是过客，是归人。此处如何史上最佳？且随我来，你看，今夜月色真美。

学海无涯,我有桴槎

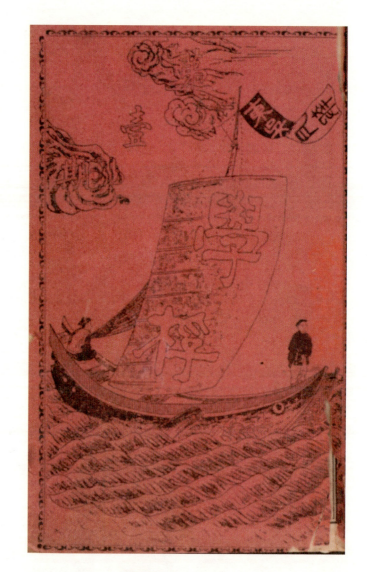

1906年6月,东吴大学学报《学桴——东吴月报》出了创刊号,这是**中国近代史上第一份大学学报**。她的封面,红色作底,绘有一艘帆船,乘风破浪行驶在波涛中,帆上有"学桴"二字,桅杆上挂一面旗帜,上书"东吴月报"。桴者,船也,寓意这份学报如一艘在学海中遨游的船,即使渺小亦敢扬帆。

时光慢慢,不知不觉,已走过百年。2006年初,我还在苏大档案馆工作时,学校为庆祝学报百年诞辰,委托我和几名同事到广州寻找这份创刊号,我们有幸在中山大学图书馆特藏部一睹芳容。历经百年沧桑,书页微微泛黄,封面却依然殷红如初,宛如她诞生之时跃动的初心。戴上手套珍而重之地打开它,厚重的文字仿佛依然留有墨香,只一眼,便叫人为她倾倒。我们翻得极慢又看得极细,既生怕惊扰沉积百年的书香,又不忍错过任何一点令人惊喜的细节。得到许可,我们把她复制回学校,任务圆满完成,但心中反而更添惆怅。

《学桴》诞生在东吴,可学校却没有收藏,这一直是苏大人的遗憾。直到2007年苏州大学艺术学院研究生严宏达向学校捐赠了第一期《学桴》杂志,才让我们一解"相思"。严宏达说,收藏《学桴》杂志完全出于偶然,大约七年前,他在文庙遇到一位小学退休教师有一些旧书和碑帖要售出。爱好美术的他喜欢收藏碑帖旧拓本,便将退休教师手头的旧书、碑帖悉数买下,仔细整理时才意外发现了这本杂志。他在一次闲聊时获知《学桴》对母校的意义非凡,便决定将这本珍藏多年的杂志捐赠出来,让她在世间流离百年之后,回归母校。

《学桴》,欢迎回家!

追寻中国最早的化学硕士

1917年,东吴大学毕业典礼上,龚士教授非常欣慰地看着面前的两位学生——徐景韩(即徐学潮)、陈调甫,用激动而颤抖的声音说:"你们是东吴大学培养的最早的化学硕士。"东吴大学也因此成为**中国最早开展研究生教育并授予硕士学位的高校!**

徐景韩生于苏州,学于东吴,学成之后,又将一生的时光和心血都投身于教育事业,回报给培养他的母校。他教授力学基础,兼任东吴大学文理学院招生主任、教务长等职。

徐景韩的学生苏元复在1929年夏被保送进东吴大学时,就听说在学校教物理的徐景韩先生教学经验丰富,上课生动有趣,不仅课讲得好,而且亲自指导实验。名师出高徒,在东吴大学的两学期,慕徐景韩之名而来的苏元复两次获得成绩优秀荣誉奖,为他后来成为著名化学家、中科院院士打下了扎实的基础。

另一名著名的计算数学专家徐献瑜,也是因为徐景韩先生而留在东吴大学上学。徐献瑜在中学时代就痴迷数学,因此来到东吴大学就想学数学,但当时东吴大学数学系师资力量不强,物理系的徐景韩了解徐献瑜的才能,爱才心切便建议徐献瑜做他的学生。徐献瑜动心了,于是他进了物理系,主修物理,辅修数学和化学,后来成为我国计算数学的奠基人和开拓者。

与徐景韩同年毕业的陈调甫,没有选择投身教育,而是在实业的道路上干出一番天地。陈调甫从小喜欢瓶瓶罐罐,爱动手实验,曾经差一点把家也烧掉,是大家口中的"怪小孩"。从东吴大学毕业不久,陈调甫创建了亚洲第一座纯碱工厂——永利碱厂,生产的优质纯碱在1926年美国举行的万国博览会上获得"中国工业进步的象征"美誉,荣膺大会金质奖章。

后来,陈调甫又创建了永明漆厂,研制生产了著名的"永明"牌酚醛清漆、我国第一代合成树脂漆"三宝"牌醇酸树脂漆，是我国纯碱工业和涂料工业的奠基人之一。

新中国成立以后，依靠自主创新，陈调甫研制出"灯塔"牌油漆，并先后研制开发出一大批具有世界先进水平的高科技产品，如今这些产品已广泛应用于我国航天航空工业。从"两弹一星"到"长征"系列等多种运载火箭，从"神五"、"神六"和"神七"载人飞行器到"嫦娥"探月工程，"灯塔"牌油漆为我国航天航空事业的发展立下了汗马功劳。

2006年，徐景韩先生的女婿、离休干部张吕祺先生将珍藏的徐景韩1917年东吴大学化学硕士文凭捐给苏州大学校史馆，填补了校史展览的空白。

故纸会浸染时光的痕迹，这些中国最早的研究生们从东吴大学学成出发，勤恳治学、躬耕实践，为祖国作出的卓越贡献永不褪色。

东吴大学棒球队

走,咱们穿越去

无论什么时候,走进东吴大学旧址,就仿佛开启了时空隧道,眼前是十多幢西洋风味的民国建筑,在如荫的绿树掩映中静静伫立。

时光穿越到1900年,东吴大学董事会在美国成立,确定孙乐文担任首任校长。

1901年3月8日,东吴大学在天赐庄博习书院旧址正式开班,决定先设文学、医学、神学三科,其他待时机成熟再增设。当时的学生只以为这又是一所旧时学堂,可仔细一看又倍感新鲜,这可是**中国最早以现代大学学科体系创办的大学**。

东吴大学的课程,"悉照太乃需大书院(即美国田纳西州立大学)。太乃需大书院者,美国南省最大之书院"。虽说"悉照",但也不是完全照搬,学校课程中西并重,除中国国学、历史文化相关课程外,还有英文、美国史、英国史、希腊史、罗马史、西方哲学、宗教、格致、心理学、生理学、物理、化学、微积分以及照相等等。为了适应欧美式的教学方式,学校还早早开展了双语教学。为了丰富学生的生活,学校建立了藏有近万种中西书籍的图书馆,备有各种化学药品和仪器齐备的实验室、体育健身场等。

素质教育在东吴大学开了先河。学校反对传统的读书人必须讲究"面孔光白,以示不出门"的所谓寒窗苦读,反对"指甲修长,以示逍遥自在"的所谓"手无缚鸡之力"。双十年华的学生就该朝气蓬勃,所以许多当时国人见都不曾见过的现代体育运动都可以在东吴校园看到。杨永清校长就读东吴大学的时候,就是辫子网球队的一员。足球、篮球、排球、棒球、体操以及田径比赛风靡整个校园,甚至成为苏州市民观赏的一景——"载人赴天赐庄,得观所谓洋学者,无物不新奇"。

1907年,东吴大学有了第一位大学毕业生——文学士沈柏甫。当时学校在崭新的林堂举办了毕业典礼,校长孙乐文在1908年的报告中回顾了这次典礼盛况,并说:"去年2月举行的毕业典礼对我们而言是一次盛会——东吴大学的首位毕业生获得学位。大批官员和士绅出席毕业典礼,他们对学校活动以及日常工作颇感兴趣,这也让我们甚为欣慰……我们首位获得学士学位的毕业生,是一位栋梁之材,现已留校任教和我们一起努力工作。"

东吴大学人才如云,走出了一代又一代优秀学子,在岁月中刻下一道又一道璀璨痕迹。你且听,林堂的钟声像不像在唱:东吴东吴,人中鸾凤,世界同推重。山负海涵,春华秋实,声教暨寰中。

东吴法学的那些事儿

说起江湖人称"金大侠"的金庸先生,怕是无人不知无人不晓,毕竟谁小时候不曾悄悄比划过几下脑补的"降龙十八掌"呢?可知道金大侠踏足武侠江湖之前,曾以成为一名维护社会公平正义的法学工作者为人生目标的人恐怕就不多了。1947年,还没有笔名,老老实实叫查良镛的青年,走进了东吴大学法学院,插班进修国际法。

1915年,中国法律人才极度缺乏,中华比较法学学院(即东吴大学法学院)在上海应运而生,成为亚洲第一所采用英美比较法教学的法学院,也是当时中国系统讲授英美法的学院。东吴大学因之成为**中国最早开展法学(英美法)专业教育的高校**。用金大侠的江湖作比,东吴大学法学院就像一个新成立不久、不墨守成规、锐意进取又博采众长的名门大派。

在当时,要想考入东吴大学法学院成为入室弟子,可不是件容易的事。参照美国著名法学院的入学要求,东吴大学法学院要求申请的学生首先要在东吴大学文理学院修完三年课程,然后再到法学院专攻法律课程,花费六年时间才可以取得文学士和法学士双学位。严苛的入学要求,大大提高了东吴大学法学院的生源质量。

在课程安排上,东吴大学法学院也不走寻常路。学院一并开设有大陆法、英美法、中国法三个系统的法律制度课程,在学习三个法律系统的基础课程同时,鼓励学生作比较研究。学院引进美国法律院校普遍采用的"案例教学法",一反条文式的、死记硬背的、枯燥乏味的教学方法,使法学教育显得生动活泼,易于为学生接受。

东吴大学法学院除了自身师资优良外,还请了许多校外的"宗师"前来授课,那便是在任的法官与律师。为了方便他们兼职讲课,常规的法律课程特意设在傍晚时分。美国驻华法院院长罗炳吉、工部局督办费信惇以及美国驻华审判庭法官、驻华律师等都受聘到学院授课或讲座。学院还组织了模拟法庭,由学生充当律师、陪审员和证人,从校外请来的律师、法官和本校的教师充当法官,轮流演示中国法庭、混合法庭和英美法庭的法律程序。这样日常"切磋"下来,东吴大学法学院的学生无一不是博学多才、专业过硬的。

明确的专业意识与科学的培养目标,让东吴法学独树一帜,很快在法学教育界声名鹊起,留下了"北朝阳,南东吴"的美誉,为近代中国培养了一大批法学精英。

从顾维钧到李浩培,20世纪30年代至90年代国际法院一共有过6位中国籍法官,都是东吴大学法学院的教授或毕业生。特别是在1946年至1948年举世瞩目的东京审判中,17位中国代表团成员中有10位出自东吴大学。

历时两年半的东京审判,是中国第一次以战胜国的角色走向国际法庭,为抗战中罹难的4000多万同胞讨还血债,以国家的名义审判战争狂魔。东吴大学法学院的校友们不辱使命,据理力争,雄辩滔滔,将被诉战犯一一绳之以法,维护了中华民族的利益和尊严。

家国为首己为末,金大侠笔下的"侠之大者,为国为民"便大抵应当如此吧。

醉美,天赐之地

古木扶疏的苏州大学天赐庄校区,让我们心中所有对大学的梦想在这里都寻找到了答案。

天赐庄,多么美好的名字。这里的确是天赐之地,姑苏古城的东南角因为这所百年名校而绽放异彩,中西合璧的建筑群见证着百年中西方文化的碰撞与交融。说这里是**中国十大最美校园之一**,一点也不为过。

美丽的玫瑰花窗点缀着红砖青砖交织而成的钟楼,酱红色的木楼梯上传来咚咚的脚步声,拱顶的小礼堂自带扩音效果,坐在木长椅上轻闭双眼,仿佛能听到东吴先贤在这里传道授业,那是历史的回响。让人记忆深刻的精正楼,百年薜荔深深扎根于砖墙,早已与建筑融为一体,诉说着时光,呢喃着过往。斜阳西照下,凝视这两座巍峨的建筑,有一种说不出的高贵、雅致、神秘和幽静。

钟楼前的大草坪,原本是一片运动场,而今已是校园的风水宝地。约上三五好友,坐在钟楼草坪上,或捧书阅读,或交心畅聊,不经意间阵阵悠扬的钟声传来,才恍惚发现,原来时间已过了那么久。

　　记得曾接待过一批东吴大学老校友，都已逾八十岁高龄，相约回到母校，追忆青春年华。问起他们最难忘的大学故事，他们笑着说，最怀念的就是每逢周末傍晚，坐在钟楼草坪上，一边听钟楼里播放的交响乐，一边与同学好友畅谈，那是人生中最幸福的时光。

　　天赐庄的美，带着一份宁静，就像小桥流水人家般的娴静温婉。晴岚河畔尊师轩的曲桥水榭回廊，浓缩着江南园林的精致，每当东吴曲社的师生在尊师轩内和着笛声吟唱昆曲，袅袅的曲调从水面悠悠传来，有着说不尽的江南情调。

　　天赐庄的美，携着一份温暖，就像阳光般灿烂明媚，照人心扉。这份温暖，来自橙黄橘绿的深秋，银杏大道上的片片金色银杏叶，来自冬至夜的一张加餐券，来自食堂大叔的微笑，还来自宿管阿姨为生病的你特地熬的那碗粥……

　　对苏大的爱恋，就像和恋人谈一场恋爱，始于颜值，却终于内涵。为了她，我们唯有不断超越，成为更好的自己。

　　苏大所有的美，都等待着你我去发现，期待着你我去追寻，更盼望着你我来创造。

养天地正气，法古今完人

　　博物馆里的日夜永远是安宁而寥廓的。昔日在这片古老土地上演的一幕幕往事，如今被悉数封存，悄无声息地等待着一场灵魂的邂逅。

　　漫步于阴凉的展厅内，沿着历史的脉络去追寻先人留下的足迹。熟悉的角落里，做工精良的杨永清校长半身像一如既往地伫立在那儿，先生眼底沉淀了岁月洗刷后的淡然与从容，深远的目光平视着前方，像是要透过茫茫红尘，看穿这纷繁浮沉的人间百态。

　　于是记忆开始向遥远的从前回溯，如同湖面涟漪层层漫延，温柔地触及时光的彼岸。从《孟子·梁惠王上》中的金玉良言，到《正气歌》序言里的慷慨陈词，再到孙中山挥毫而就的书联墨宝，校训前身的内涵在一代又一代伟人的笔下不断获得丰富与发展。1929年春，首任华人校长杨永清汲取先人智慧的精华，将"养天地正气，法古今完人"正式确定为东吴大学校训，为百年学府奠定了人才之基。

　　它被描摹在泛黄的宣纸之上，静静地摆在杨永清先生雕像旁的玻璃展柜内；行走于林荫道间，它便出现在古朴雅致的东吴老校门上，柔中带刚的笔锋被沧桑的过往一遍又一遍地镌刻；放眼校园，它则已然被铭记于每一位苏大人的脑海中，化为一串根植于心底的文化基因。百廿时光，它早已浸润在学校的心魂中。

　　回念昔日的风起云涌，东吴人的坚毅果敢成就了时代的一抹亮色。乱世烟云之中，胸怀赤子之心的仁人志士挺身而出，携天地坚毅不屈的浩然正气，将满腔的热血与豪情铸就一部亮丽的史诗；筚路蓝缕之际，志存高远的教师学者奋发有为，效法古今道德高尚的圣人君子，用创新和改革谱写教育工作前进的征程。至此，在这绿茵红瓦的校园中，吴门胜地翰墨书香绵延不息，圣贤书内取道义，窗外事中念家国，故而百年东吴在兼容并包中依旧蓬勃发展。

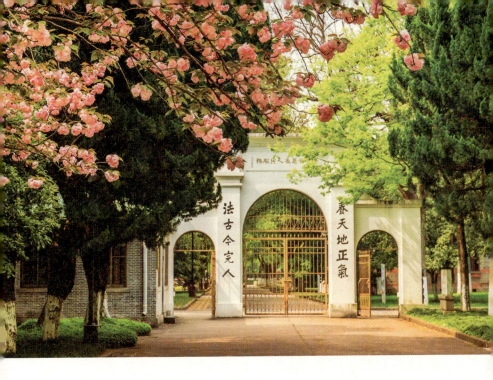

　　驻足仰望，顾盼校园，葱茏草木愈发繁盛，每一缕叶片的脉络，每一寸红墙的纹理，都盈满了浓厚的底蕴。绵亘百廿年，无论是回荡在校园里的琅琅读书声、光影迷蒙中滑入湖心的雨声、辩论场上你来我往的论述声，抑或是古老琉璃瓦中流淌出的歌声，都浸透着校训的气息，悠长绵远，傲骨铮铮。十字箴言的背后，那抹流淌在血脉深处的归属感，将于未来恒久的岁月中，抵御每一次的暴风骤雨，在罅隙中探得希望，于云笼处守得月明。古老校训由是焕发出崭新的光彩，成为苏大精神繁衍不息的象征。

　　走出博物馆大门，微凉的雨丝淅淅沥沥地洗净了天地，空气中弥漫着青草的味道。或许方才一瞬的所念、所悟、所感终究会随风而逝，然而总有一种内化于心、外化于行的精神将会一直被历史、被苏大人所铭记。

敢于"吃螃蟹"，成为境外办学第一校

2018年3月，北京大学在英国牛津的"一塔湖图"新校园内成立英国校区，此举被外界誉为"中国高等教育历史上的一个里程碑"。各种媒体在聚焦北大盛事之时，不约而同地追问，是哪一所高校最先在境外办大学的？结论你可能猜不到，这个先行者不是北、清、复、交等国内一流大学，第一个"吃螃蟹"的高校，乃苏州大学也。

老挝苏州大学成立于2011年7月，是获得老、中两国政府批准、支持的中国在境外创建的第一所高等学府，开创了**中国高校赴境外办学之先河**，校址位于老挝首都万象。首批开设的国际经济与贸易、金融学、汉语语言和计算机科学技术等四个本科专业先后于2012、2013年开始招生,至今已有五届本科毕业生。一些毕业生从此爱上中国,选择在中国大学继续深造攻读研究生,其他的大部分则被老挝政府部门、外国银行、中资机构等录用,在就业市场上十分抢手。在开展学历教育的同时,老挝苏州大学还大力发展汉语培训教育,积极参与汉语国际推广工作。经过多年发展,老挝苏州大学因为其先进的教育理念、独具一格的教学模式、良好的教学质量,逐步赢得老挝社会各界的认可,从最初的鲜为人知,到如今在万象市家喻户晓。

2013年,中国国家主席习近平提出了"一带一路"的伟大倡议。老挝是"一带一路"沿线国家,中老两国山水相连、理念相通。当前,两国关系已进入推进命运共同体建设的新阶段。可以说,"一带一路"倡议为老挝苏州大学的建设和发展带来了新的契机,而老挝苏州大学也将为促进中老两国友好关系的发展做出贡献。愿老挝苏州大学这张"一带一路"上的教育文化名片闪现更加夺目的光彩。

人道之花初绽姑苏

姑苏古城，一个拥有2500多年悠久历史的人间天堂，其公益慈善传统与其城池一样历久弥新！

公元前468年，范蠡助越灭吴后，从这里起航泛舟五湖，经商致富而三散家财，成为中国慈善史上裸捐始祖；公元1049年，范仲淹欲退隐故乡，出资购良田千亩成立范氏义庄，开创中国千年宗族慈善和江南义庄先河；1904年，盛宣怀、施则敬参与创办万国红十字会上海支会，开始了姑苏大地对人道的拥抱；1948年，十位东吴大学校友参与远东国际军事法庭对日本战犯审判，让百年名校与红十字运动及战争法有了亲密姻缘。

2005年12月，中国首个红十字运动研究中心在苏州大学创设，百年名校与百年红十字运动开始携手。中心设立十多年来已产生了一批在全国有广泛影响力的研究成果，《红十字运动研究》刊物、"红十字文化丛书"等相继出版，培养了一批从事红十字运动研究的优秀人才，成为我国红十字运动相关研究领域的一面旗帜。

当历史走进新时代，2019年8月31日，**全球首个红十字国际学院**在苏州大学挂牌成立，你没看错，是全球首个哦！全国人大常委会副委员长、中国红十字会会长、红十字会与红新月会国际联合会副主席陈竺，红十字会与红新月会国际联合会主席弗朗西斯科·罗卡等共同为学院揭牌。这标志着同样有着百年历史的中国红十字会和百年苏大正式结缘，这一缘起西方的人道种子与东方两千多年温润慈善土壤的结合，正催生出东吴绚丽璀璨的人道花朵。

红十字国际学院项目于2015年由中国红十字会总会开始立项筹建。2019年6月30日，中国红十字会总会、苏州大学、中国红十字基金会在京签署创办红十字国际学院合作协议。红十字国际学院初期设立有红十字运动、国际人道法、"一

带一路"国际人道交流合作、南丁格尔护理、应急管理、人道资源动员与传播等六个研究中心和红十字网络学院（红十字数据库中心）。学院将根据国内外不同服务对象的需求开发设计不同类型的人道工作培训和教学课程，包括短期培训、中期培训及研究生课程班等职业培训，招收相关专业的硕士、博士学历全日制学位教育的研究生等。

人道之花在东吴大地上含苞待放，120年的苏大与156岁的红十字运动正携手走向未来！

第三章 问道人师间

老师，被称为灵魂工程师。其教予学生的不仅是知识，更是治学之法，是为人之道。有道是"师者，所以传道授业解惑也"。

东吴有名师。

清末乱世，狼烟遍地。为人师者教民族大义、家国情怀，教身死神灵、魂魄鬼雄。

抗战救亡，烽火连天。为人师者教抛却荣辱、不惧危难，教丹心一片、为照汗青。

师院有名师。

家国已定，院系调整。为人师者教踏实勤勉、兢兢业业，教勤是书山径、苦作学海舟。

苏大有名师。

学校更名，再启新章。为人师者教不落窠臼、革故鼎新，教天工人巧、日日争新。

有代代名师问道世间，方得百廿苏大桃李芬芳。

杨永清校长的"忘不了"

耵碎乡心,故园情浓。1947年,在大洋彼岸漂泊了近六年的杨永清,终于回到祖国。美利坚纵有千般好,不及祖国一句乡音,不及母校一声轻唤。杨永清终于又踏进校门,继续担任东吴大学校长职务。在学校举行的欢迎会上,他激动得热泪盈眶。这不是他第一次担任东吴大学校长,但战争之后可贵的和平、流离之后难得的安宁,都令台下师生一双双期盼的眼睛更加饱含深情,也更加触动杨永清的心。杨永清校长说,他忘不了。

忘不了,最忆是祖国,杨永清忘不了战火纷飞、山河饮泣。自1931年"九一八"事变以来,日本侵华战争给中国人民带来了深重的灾难,无数中国人无家可归,无处容身。断壁残垣、满目焦土中,东吴大学被迫多次迁徙,苏州校园被日军几次占领破坏,师生颠沛辗转,到过安徽、浙江、福建、广东、重庆,历经千辛万苦。1941年初,杨永清校长前往美国参加会议,但那年冬爆发的太平洋战争,切断了他回家的路。身在美国,心系故土,他主持中国新闻处的工作,奔走美国各地,先后演讲200多场,听众数百万人,宣传我国抗战的艰苦形势,争取国际援助。

忘不了，再忆是母校，杨永清忘不了书声琅琅、学术争鸣。1902年，11岁的杨永清就读于东吴大学预科，从此与东吴结下了不解之缘。八年后他从东吴大学毕业，1914年赴美留学，同时兼职在中国驻美使馆工作，在外交界风生水起。但是他看到中国在与列强交往中处处受制甚至毫无尊严，开始认识到外交背后需要国力、需要人才，于是他把目光投向教育，要教育救国。1927年，南京国民政府成立，学界开展轰轰烈烈的收回教育主权运动，杨永清被推举成为东吴大学第一任华人校长。随后的数年，在他领导下校园建设蒸蒸日上，学生人数激增，教授也不断增加，学校成了东部名校。抗战胜利，杨永清校长准备再返东吴时，募集了约十万美元作为学校重建的费用，购买了急需的仪器设备，他迫不及待地想要回到母校，回到东吴大学的同事和学生中间。

忘不了，三忆是学子，杨永清忘不了东吴桃李、来日栋梁。杨永清身在他乡却忘不了祖国的青年们，他多次在演讲中勉励学生应养成刻苦耐劳的精神，为社会国家致用。他在《现代学生应有的精神》中说：建设新中国，青年必须要自爱、自动、自信。而青年对于国家应有的精神是团结、爱国和劳动。对于青年学子，他总是寄予厚望。他说，天下没有不能成功的事，如果我们有坚韧的毅力，具顶天立地的气魄，抱沉着应战的决心，中国还会没有救吗？

不思量，自难忘。对于祖国，对于母校，对于莘莘学子，杨永清有一生难以忘怀的执着。这份执着系着他毕生的心血，化作东吴大学的萤火烛光，化作东吴学子的凌霄羽翼，助祖国奋足千里。

郑辟疆与费达生姐弟：丝江南

江南小镇盛泽以丝绸闻名，就在机杼喊嚓声中，一个看似平凡的小儿郎诞生了。幼时，母亲纺织他就坐在旁边，或玩耍或安睡，谁也不曾料想到，几千年来由妇女们代代相传的养蚕、缫丝、织丝工艺会在这个满地爬的男孩儿手中，迎来新的生命。

他便是郑辟疆。

江南的清清河水伴他成长，但随着年岁日长，郑辟疆目睹国家内忧外患，眼见举国的蚕丝业在国际竞争中屡屡受挫，盛泽荣景也日益凋敝，振兴蚕丝业的宏愿，在他的心灵里萌芽滋长。

1900年，郑辟疆考入我国近代第一所培养蚕丝业科技人才的学校——蚕学馆，1902年毕业后他留馆工作，次年东渡日本，考察蚕区、访问蚕学专家，1905年至1917年先后在山东青州蚕丝学堂、山东省立农业专门学校任教。1918年他应史量才邀请，接任江苏省立女子蚕业学校校长。

传道、授业、解惑，他要交给这些年轻女孩子们的不仅仅是新技术，更是新思想，他要传授的不仅仅是丝之道，更是人之道。他亲自修订校歌歌词："……经纶天下，衣被苍生，古文明，功业创西陵。意法日本，继起竞争，挽回权利谁之任……"歌词唱进了学生们心里，尤其是当时在学生中出类拔萃的费达生心里。

1920年，费达生以优异的成绩毕业，学校选派她去日本留学，次年她考入东京高等蚕丝学校制丝科。学成归国后她仍回到江苏省立女子蚕业学校工作，追随郑辟疆，报效祖国。1923年开始，郑辟疆与费达生带领女蚕校学生技术员在震泽庙港开弦弓村组建蚕业合作社。

两人在这里改良土丝,兴办乡村企业,引入农民股份工厂,推广技术培训。村子里刮起百千年未见的新风,农民们自愿放弃旧习俗,接受新的生产方式,改革很快就推行开去。

费达生还将一直由她照拂的末弟费孝通也带到了开弦弓村。在这里的两个月,费孝通不仅完成了他著名的博士论文——《江村经济》,更开始接触、了解研究农村、致富农民的方法,坚定了以此为事业的决心。

江南的蚕丝也为郑辟疆与费达生系起一世姻缘,半生志同道合的扶持奋进,胜过万千肌肤相亲的缱绻缠绵。

直到逝世之前,郑辟疆一直担任苏州蚕桑专科学校和苏州丝绸工学院两校校长,化鹤之后,遗志便由费达生继承。费孝通将他在开弦弓村习得的经验推广到全国各地,始终致力于社会学、人类学和民族学的教学、研究工作,成为中国社会学的总设计师。他们都应了那句诗:春蚕到死丝方尽。

一片桑叶,载一个春天的韶光,摇摇曳曳。一尾春蚕,吐一生到死的雪丝,*丝丝缕缕*。一张织机,织一片江山锦绣,鞠躬尽瘁。横也是思,竖也是思。思的是家,是国,是民。

"章疯子"的癫狂岁月

在苏州干将河旁的锦帆泾，小路里藏着个怪院子，看起来是西式花园洋房，大门柱子也是气派的仿罗马式，但配上木门木窗、清水砖墙、青平瓦屋面，又有苏州传统建筑风味。现在，青灰色的外墙刻上了"章太炎故居"的字样。

故居当年被称为"章园"，谈不上恢弘，但布置得错落有致。院内有前后两幢西式两层青砖楼房，也有园主章太炎迁葬后遗留的衣冠冢及墓碑。怀揣一份敬仰，来章园走一走，或许能和先人来一次神交。不过要得到这位性情古怪的大师青睐，怕是得带上几分狷狂癫意，只因园主就如这园子一般，有那么点儿怪怪的。

章太炎是著名的国学大师，也是辛亥革命时期的民主革命家，顶着这样辉煌的名号，令人想起来总觉当是一代潇洒名流。但偏偏又有个"章疯子"的诨号，他不仅自知，还以此为荣。他曾说，"古来有大学问成大事业的，必得有神经病，才能做到……"这话确实有点儿意思。

时人回顾章太炎的一生，也说这人"有点意思"，处事作风颇有些现下年轻人常挂在嘴边的叛逆，所谓"我命由我不由天"，谁也管不住。好比他听闻"二次革命"失败，扔下新婚不久的妻子，蹬上旧皮靴撸起破棉袄的袖子就去找袁世凯算账，把袁世凯官邸的大总统画像砸了个稀烂。

就凭这般行事作风，章太炎一生曾七次被追捕、三入牢狱。早在1900年，大清还未亡，章太炎便割辫明志，支持自立军起义，后因事泄，起义失败，引起了清政府的注意。此时正值东吴大学创办不久，近代作家、批评家黄人在学校任总教习，他想着让好友章太炎来当个教授，也好躲躲风头。

但章疯子的疯劲儿怎么可能掩盖得住？大学好啊，有这么多求知若渴的进步青年，正好由他高谈阔论。果不其然，未几他便因为鼓吹民族大义，引起张之洞和端方的震惊，被清朝江苏巡抚衙门称为"言论恣肆"，"有乱党章某煽惑学生作乱"。

言论恣肆？这"罪名"太过谦虚了。章太炎不仅敢说，更敢写。在东吴大学期间他撰写发表了《正仇满论》，鼓吹反清，并公然以"李自成胡林翼论"为题与学生作文。将大清"功臣"胡林翼与农民起义领袖李自成进行合议评说，端的是"大逆不道"。最后清政府忍无可忍，索捕章太炎，他也不惧，挥挥衣袖东渡日本去也。

1934年，几经起落看惯风云变幻的章太炎，回到苏州讲学，便买下了位于锦帆路的章园，也在这里度过了人生最后的岁月。他一生活得风云激荡，在疯癫的背后，是不知我者谓我何求，是一颗拳拳报国心。1936年6月章太炎因病去世，在弥留之际，他断断续续吐出两句遗言："设有异族入主中夏，世世子孙毋食其官禄。"这是他留在世间最后的话。这一生，别人笑他太疯癫，又怎知他不在暗笑别人看不穿呢？

柴德赓：屹屹青峰

柴德赓夫妇（左一、二）与启功在江苏师范学院

"养天地正气，法古今完人"，老东吴时期定下的校训激励着一代又一代苏大师生。要法古今完人，须得学点儿历史、懂点儿历史。1955年江苏省高校部分调整，江苏师范学院重点发展历史专业，要将历史专修科扩建为历史系。

谁能来挑大梁呢？吴地文人辈出，古时候状元郎都能一抓一大把，要压住江南文人的一身傲骨，非德高望重者不能胜任。思来想去，是柴德赓先生"揭了这张榜"。原先柴老在北师大任教，教育和科研工作条件都较好，但柴老毫不介意，收拾了简单的行李，来苏州出任江苏师院历史系教授、系主任、院务委员会委员。

柴老的行李简单，分量可不轻，只因里头最多的就是书。在学校宿舍住下后，房中只有一张床、一张书桌，其他地方几乎都用来放书了。当时学校教务处的黄文浩因为工作原因经常要去历史科走动，想着柴老初来乍到，作为苏州人，他该尽一点地主之谊。没想到一见面，柴老先滔滔不绝了起来，老苏州倒是反而插不上话了，这也让黄文浩对博学的柴老更加敬佩。

要在历史专修科的基础上,成立四年制的本科,任务繁重。柴老几乎一力承担,又要亲自执教又要完成大量科研课题。原本他是在学校后门外桥下一个小饭店里吃包饭的,可常常晚上有学生登门请教,问起来吃过饭没有,他才突然一拍脑瓜,又忙得把吃饭给忘啦。

柴老为人随和,但是治学却容不得一点马虎,还注重在生活中发现问题。当时史学界的热点话题之一是中国资本主义萌芽问题,有一天历史系的纪庸教授去找柴老"讲张"(聊天),两位学者自然就谈到了这个问题,总觉得苏州的历史文物中应该会有相关记载。果不其然,不久柴老就读到一本旧抄本的《吴门表隐》,其中就记录了不少关于清朝中后期苏州城市手工业和商业尤其是纺织业中资本主义萌芽的资料。书中记载,在玄妙观机房殿有一块清雍正十二年(1734年)立的《永禁机匠叫歇碑》,但是没有记载碑文。柴老就分析,"机匠"应当就是纺织工人,"叫歇"便是工人罢工,碑是机户所立,所以从碑名可以看出是资方利用官府的力量禁止工人自由组织罢工,这显然是研究中国资本主义萌芽的重要资料。于是柴老就在各种相关书籍中寻找碑文的内容,可惜一无所获。对于史学研究者来说,法宝之一就是田野调查,他便决定亲往玄妙观一探究竟。

观里的老道士非常热情,领着柴老就找到了机房殿南墙角一块上半部分脏兮兮涂抹得不成样子的石碑。经过清洗辨认,这正是文献记载的《永禁机匠叫歇碑》,柴老大喜望望,连忙请人拓下了碑文。这块碑成为研究苏州当地资本主义萌芽的重要史料。

柴老号青峰,他治学严谨,对待学问一丝不苟,正如屹屹青峰耸然挺立,不畏风霜雨雪摧折,令人高山仰止。但他待人却像一阵清风,和煦温暖,润物无声。柴老的这份风范,着实令人身不能至而心向往之。

东京审判：倪征燠智审土肥原

  1947年9月16日，庄严肃穆的远东国际军事法庭继续开庭，站在被告席上的是恶名昭彰的土肥原贤二。他可是在中国从事间谍特务勾当长达三十余年的"中国通"，先后策划了"皇姑屯事件"、"九一八"事变、挟持溥仪成立"满洲国"等事件。

  战时凶悍残忍的土肥原贤二，在法庭上采取一言不发的龟缩策略。依据英美法律，如果他拒绝提供证词，那么就不能对他定重罪。

  审判工作一开始就陷于被动，检察官向哲濬想起了自己执教过的东吴大学法学院，在当时的中国，东吴大学是为数不多的系统讲授英美法的学校。于是他临危点将，先后聘请了十位出身东吴大学的法学人才驰援东京，其中就有首席顾问倪征燠。

1928年毕业于东吴大学法学院的倪征噢,接受过当时国内最好的英美法教育,司法实践经验十分丰富。可当他抵达远东国际军事法庭时,起诉已经结束,审判进入由被告方提供证据的阶段,中国检察官只能对被告及其所举证人"反诘",从中找出漏洞,令其不能自圆其说,使其证据不能为法庭采信。

倪征噢遇到的"硬骨头"之一就是土肥原贤二。土肥原的律师与证人提出他"为人忠厚坦白",根本不可能犯下这些令人发指的罪行。倪征噢拿出奉天特务机关1935年编写的《奉天特务机关报》,里面盖有土肥原的印章,其中一页载有一句"华南人士一闻土肥原、板垣之名,有谈虎色变之慨",这成为土肥原与板垣在华作恶多端之铁证。不料土肥原的美国律师福兰克林·E.沃伦(Franklin E.Warren)提出反对,说这份文件谈论的是一只老虎,与本案无关,不应作为证据被法庭接纳。倪征噢说,"谈虎色变"是一句中国成语,在这里用来形容老百姓一谈起土肥原、板垣二人,就像谈起老虎一样惊恐。有的老百姓甚至会用"老虎来了,土肥原贤二来了"的话来吓唬不听话的孩子,足见两人的可怕。听到这样的解释,法庭顿时哄堂大笑起来。

面对三缄其口的土肥原,倪征噢及时调整策略,既然土肥原与板垣征四郎多年来沆瀣一气,在对板垣的诘问中,他适时地将土肥原与板垣联系在一起,深挖二人共同主谋各项事务细节,加深法庭对土肥原罪行的认识。最后,倪征噢难抑胸中的怒火,手指着被告席上的土肥原大声质问板垣,面对铁一般的事实,板垣无言以对。

最终历时两年零八个月的东京审判落下帷幕,东条英机、土肥原贤二、板垣征四郎等七名战犯被送上了绞刑架。这是一场不见硝烟的战斗,是以倪征噢为代表的中国法律精英们的一场殊死战,他们受命于危难之际,把自身的生死荣辱,尽系于这场战斗的成败。

如今矗立在王健法学院图书馆内的倪征噢先生铜像,记录着这段波澜壮阔的岁月,也象征着东吴法律人为维护公平正义刻下的永不磨灭的精神丰碑。

"老母鸡"钱仲联

我从1983年起担任苏州大学中文系副主任，1989年之后担任主任，前后12年。在这期间，历任校长都叮嘱我，中文系一定要把钱仲联这只"老母鸡"照顾好。有一位校长在全校干部大会上对"老母鸡"作了如此解释：20世纪80年代苏州大学获得首批博士学位授予权，多亏了钱仲联教授，因为他为我校获得了古代文学博士点。正因为有了这个博士点，苏州大学才不断生长出其他博士点，所以说，钱先生是"老母鸡"。

说起"老母鸡"，还有一段佳话。当时我校申报学位点时，是把钱仲联先生作为硕士生导师申报的。国务院学科评审组讨论时，钱锺书先生说，钱仲联若是作为硕士生导师，那我们在座的没有一个人可以作为博士生导师。因而，我们的古代文学专业竟破格成为博士点。

我认识钱仲联先生始于20世纪60年代初。当时，我在江苏师范学院中文系求学，钱仲联为我们讲了一个学期的"中国古代诗词"课。系里对他传说得很神，说他是光绪皇帝的先生翁同龢的外甥，又说他在上海编《辞海》时与陈毅元帅以诗词唱和，我们学生都很崇拜他的文笔。他讲课，乡音特重，尤其讲到紧要生动处，完全忘我，节奏急促，声调高昂，如暴风骤雨，甚至整个假牙脱落。这苦煞那些北方同学，听得云里雾里，急得直跳脚。下课后，常常有北方同学向我借笔记。

自20世纪80年代始，钱仲联主持《清诗纪事》编撰的宏大工程。他事必躬亲，在编写事务上毫不含糊。一发现问题，总是立刻处理。有一天早晨，我刚上班，办公室的同志急急来找我，说钱老正在发火。我立刻跑到明清诗文研究室，只见《清诗纪事》的编写老师一字排开站立，钱仲联面对他们站着，正大声训斥，气氛中弥漫着火药味。我担心钱先生的身体会有不测，立刻把他请到我的办公室里，进行"灭火"。《清诗纪事》这样的巨大工程能最终编撰成功，原因是多方面的，但钱仲联的"铁腕"是极其重要的一条。

钱仲联是饱学之士，他博闻强记，晚年尚能背诵《红楼梦》中的诗词。20世纪90年代，中国社会科学院要我主持《中国散文通典》的编纂。当条目初定后，我对从先秦到清末的近七百条古典散文条目有些吃不准，于是想到了钱仲联。记得一天上午，大约11时，我带着王尧去见钱先生，把条目交给他，请他抽空审定。谁知他立即审阅，叫王尧念，王念一条，他定一条，每一条都定得非常干脆，或是"行——定"，或是"平庸"，或是"伪作——删"，毫不含糊，前后近两个小时，共审定了680条。我不禁叹曰：什么叫博古通今？钱仲联是也！

"老母鸡"已经离我们远去。现在的年代，"老母鸡"似乎已成稀罕物，常常在学界撞见的是一些高昂啼鸣的"小公鸡"，他们虽然没有什么"蛋"可炫耀，但他们的声调可以令满世界震动。不过，震动之后，我常常会感到一点寂寞。

本文作者范培松，苏州大学1961级校友，原苏州大学中文系主任、博士生导师，原苏州市作家协会主席。

杜子威：一不小心上了中考试卷

杜子威的老爸是土生土长的苏州人，烧得一手色香味形俱佳的苏帮菜，20世纪初前往日本谋生，没过几年就拥有了被称为东京四大名菜馆之一的"庐山饭店"。

杜子威4岁时被父亲送回祖籍苏州接受基础教育和中国文化熏陶，直到18岁才返回日本。从日本庆应大学毕业并获得医学博士学位后，杜子威成为一名脑外科医生。

第26届世界乒乓球赛在东京举行时，中日还没有建立邦交，杜老先生为中国代表团免费提供了饮食，因此受邀回国参加1972年的国庆庆典并受到了周总理的亲切接见。72岁的杜老先生热泪盈眶，陈述了叶落归根的渴望，周总理对他说，你回国就是个普通老百姓了，你留在日本，促进中日友好交往，对祖国贡献更大。杜老先生遵从总理的话，留在了日本。他的儿子杜子威则秉承父愿，由年迈的双亲送上了回苏州的客船。

故乡的水晃晃悠悠，带着杜子威归家的心载浮载沉。他回国时准备了大量医疗器械捐赠给家乡医院。一时间，海内专家纷至沓来，眼界大开。捐赠意义远超捐赠物价值的本身，使我国脑外科的学术水平向前迈进了一大步。

在远比日本简陋的工作环境中，杜子威开始了对人脑胶质瘤这种被称为"癌后"的恶性肿瘤的研究，并将他的研究结果定名为"苏州人脑胶质瘤体外细胞系—44"。从此，脑外科领域有了苏州的基因密码。

父亲病逝后杜子威返日定居，但他仍旧时时关心祖国和家乡医学事业的发展。1994年开始，他用自己的工资和积蓄在苏州医学院设立杜子威医学奖学金。

爱国华侨杜子威的故事不仅感动了苏州人，还登上了中考的试卷，几乎年年成为考生的复习题。短小的阅读理解中说杜子威自己带着45元的手表，却为家乡捐献价值100万元的研究室；说他难得去日本访问，半个月时间全安排了工作，临到回国才赶着见了见家人吃了顿团圆饭；说他父亲心疼儿子工作辛苦，给他一台电视机让他放松精神，他却只想着让父亲多寄点学术前沿的科学资料……这些小故事读来亲切有趣，又潜移默化地在孩子们心里种上了爱国爱家乡的种子。

差点把院士当作邻家大伯

2017年9月，我如愿成了阮长耿院士的博士研究生。依稀记得开学后第一次正式拜访阮老师时紧张又雀跃的心情。想象中老师当是板着脸，满脸严肃的模样，可现实中的他多了几分平易近人，甚至办公室里除了文件也只有些书籍作为陪衬，不可谓不简朴。若不是身旁同行老师提醒，我还差点儿将阮老师当作邻家的一位老伯，这个小插曲也成了我三年博士生涯的笑谈。

初见面，阮老师仔细询问了我学习、科研和生活上的安排，并且嘱咐实验室工作人员不可"拖欠工资"，让我见识到阮老师幽默又为学生着想的一面。事后我才从他人口中陆续了解到，资助家庭困难学生完成学业在阮老师这儿是经常的事。第一次见面期间阮老师还接待了前来拜访的其他人员，他脸上毫不见倦色，走起路来脚下生风，丝毫不似近八十岁的耄耋老人。在之后的接触中，我慢慢了解到正是他有"争分夺秒，只争朝夕"的精神，这些年才能取得这样丰硕的成果。这也从侧面印证了阮老师当年只用两年不到的时间便拿到法国医学博士学位这一传奇经历的真实性。

随着必修学习课程结束，我第一次有幸参与到一项海外学者基金项目的申请中，因为缺乏相关经验，申请前期出现了纰漏。在我惴惴不安之时，阮老师非但没有责怪，还让其他工作人员从旁协助我，并且鼓励我大胆提出自己的看法和建议。在我的博士课题上，阮老师给了我足够的自由去自己摸索，鼓励我去做"有价值、可行又创新"的研究，并且最终能将成果转化为临床应用，以服务患者。

阮老师身上"不唯权威、崇尚科学"的学术纯洁性和批判的独立思考方式潜移默化地影响着我。也正是这种看似"放养"的培养模式，才渐渐培养出我对医学科学研究的兴趣，从最初的畏惧问题到不断在发现、解决问题中体会乐趣。

此时，耳边又响起阮老师的殷殷嘱托——我非常想看到我的学生超越我。现今我还远远不能实现老师的期望，不过，阮老师身体力行传授的专业研究以外的科学素养、培养的科研思维方式，必将成为我未来科研道路上的巨大助力。

本文作者盛广影，苏州大学2017级博士研究生。

半生中国梦,纳米梦之队

1947年,战火纷飞的湖南邵阳,李家有个男孩儿呱呱坠地,起名述汤。

1949年中秋,李家举家迁往香港,年幼的他住在四处漏风滴雨的破木板房里,与一百多名来自困难家庭的孩子、孤儿在难民区学生宿舍一同生活,一同念书。艰苦的环境反而磨炼了李述汤坚韧的性格,他不仅没有落下功课,还年年在班上排名第一,最终考取了香港名校,赴美一路深造。李述汤始终记得父亲家书中"学问功深双珠灿,成为吾国我家英"的嘱咐。1983年,李述汤第一次回国讲学,故土山河引起了他心中的共鸣,惊鸿一瞥间他记住了江南水乡苏州的名字,冥冥中的缘分便在此时暗中牵引着他的命运。

昔日离家从香港开始,今日归途亦在香港迈出第一步。1994年,李述汤来到香港城市大学,年底就开始北上,往上海、北京、长春、沈阳跑,希望与内地"亲密接触"。1999年6月10日,李述汤组建成立了超金刚石及先进薄膜研究中心(COSDAF),是香港城市大学六所大学级的研究中心之一,也是世界上两所最早制造出纳米硅线的实验室之一,此后更逐渐成为亚洲纳米硅线研究的金字塔塔尖。

2008年,时任苏大党委书记王卓君与校长朱秀林赴香港"三顾茅庐",在把实验室组建方案摊在桌上的时候,李述汤觉得实现他中国梦的时机到了,天堂姑苏便是他的圆梦之地。他说:"苏州的大环境很适合我,苏州园区是纳米

产业的高地,苏州的发展离不开苏大,苏大的发展更离不开苏州。"

一开始,李述汤只有一间小小的办公室,他便笑称这是"井冈山"。"井冈山"不是白叫的,星星之火从这里开始,很快便势成燎原。2008年6月9日,苏州大学功能纳米与软物质研究院(FUNSOM)正式成立。此后十二年,学院先后入选首批国家试点学院和首批国家协同创新中心,团队中涌现出十余位"全球高被引科学家",攻克了有机发光材料和器件等"卡脖子"关键技术并初步实现了自主产业化。苏州大学材料科学排名显著提升(以ESI学科排名为例,从2011年世界第529位,跃升至2020年世界第30位),苏州大学纳米科学与技术从无到有,不断发展,2019年被"软科世界一流学科排名"列为世界第11位。

"为中国人做事,发挥自己的力量;一定要回报祖国,只要能做的就做。"回顾大半生,说起选择道路的问题,李述汤总以此回答。在李述汤中国梦的感召下,纳米学界的年轻才俊们先后来到苏大安营扎寨,一支由他牵起的纳米"梦之队"方兴未艾。

纳米,约等于十亿分之一米,跨越这个距离,将进入一个新世界。回家,是一份执着的心愿,跨出第一步后便是展臂飞奔、大步向前。中国梦,心念一起,便是长风破浪、云帆直挂,白首不渝。

潘君骅：
闪耀星空的追光者

星空，自古便给人无限遐想。有人迷醉于故事，有人却喜欢逐星追光，探索苍穹的奥秘，潘君骅就是后者。少年时期的潘君骅，对未知事物充满了好奇，尤其对天文学有着浓厚兴趣。别家孩子在玩骑马打仗游戏时，潘君骅已经开始捣鼓天文望远镜了。他用父亲的一片老花眼镜、二哥的深度近视眼镜、两个废弃的手电筒组合到一起，做成了一个两块镜片的低倍数伽利略望远镜。

潘君骅知道，他喜欢的不是那些浪漫悱恻的故事，而是严肃的科学规律，他热爱的是天文学。他对待科学研究近乎痴迷，也极为严谨，勇于追求真理。遇到不同见解，他会与代数老师就无穷连分的不同解法进行理论；会同钱伟长、王大珩等科学大牛就某一专业问题据理力争；也会对自己的导师、苏联著名的天文学家马克苏托夫推导的公式做出修正。

赴苏联求学期间，潘君骅用心治学，创新性地开创了潘氏检测法，解决了凸面副镜的检测问题。他深知，光学天文学对于推动空间技术的发展，提高我国空间科学领域的国际地位有着重大意义。潘君骅不仅系统学习了专业知识，还掌握了很多天文光学仪器制造、设计和检验的关键技术，他知道，有了这些，才能实现人们对天空对繁星最美的遐思。

20世纪七八十年代,国家重点攻关2.16米光学天文望远镜项目,潘君骅作为该项目技术总体组组长,带领团队呕心沥血打造这一国之重器。当时研发条件十分有限,其间面临重重技术困境,潘君骅事无巨细、亲力亲为,从设计研发到安装调试,从主体机械零件的选择制造到主镜镜坯的精细打磨,倾注了自己全部心血。1988年,这架凝结了三代研发人员整整15年心血的天文望远镜终于成功验收,通过这只两米口径的"眼睛",中国人可以真正搭起鹊桥一座,横跨银河,观测到银河系以外的神秘世界。

从垂髫小儿到耄耋老者,潘君骅拥有成就无数。他积极倡导和实施我国光学系统采用非球面技术;他为我国研制大型光学设备发明了一套重要的光学加工和检测技术,解决了各种光学非球面加工的关键技术难题;他建立了我国大型靶场光学测试仪器的光学技术基础;他把自己的非球面技术"绝活"向学生和同行们倾囊相授,推动我国光学加工和测试迈向世界先进行列。

"只要是国家需要的,都要尽责去做。"潘君骅一生淡泊名利、治学严谨、艰苦朴素。他坚守初心,为我国光学事业奋斗了六十余载,至今仍躬耕不辍,在"追光"途中始终践行着这句朴素的誓言。

2019年4月6日,国际小行星中心和国际小行星命名委员会发布国际命名公报,将国际编号为216331的小行星命名为"潘君骅星"。追光一生,潘君骅终于将自己的名字镌刻进了浪漫璀璨的星空。

第四章 故事致青春

"那一年我们望着星空,有那么多的灿烂的梦,至少回忆会永久,像不变星空,陪着我。"歌声唤醒了内心深处的那段记忆。如诗一般的青葱岁月,是人生最美好的光景。

当这份记忆与百年东吴相遇,美好与美好碰撞,灿烂的火花便就此诞生。在这百廿年的时光里,莘莘学子谱写出一段段有关苏大的独家回忆。

人生的旅途,需要不断前行,纵使韶华易逝,而青春如歌,将封存入心的故事唤醒,无论何时,都令人回味。故事致青春,用故事敲开这时光之门,揭开青春的秘密。

在天堂读书的日子

1978年初,我背着一个自制的小木箱,从苏北的一个小镇,来到了苏州,来到了这个当时叫作江苏师范学院的学校。从此,我的生活,我的命运,就与这个城市,这个大学,紧紧地联系在一起。

刚进学校的时候,我读的是政史系,100多人的班级。同学中许多是老三届的,不仅社会经验丰富,而且知识基础扎实,外语能力卓越,我经常暗自感佩。而我们的老师,大部分也是满腹经纶,才华横溢,循循善诱。两代被耽误的师生,一起用心地在教室耕耘,演绎出许多感人的故事。

听同学们谈笑风生,说古论今,我内心深处经常有强烈的自卑感。于是,开始拼命恶补。先是效仿某个伟人,每天清晨在学校的操场长跑十圈左右,回到宿舍冲个冷水澡,神清气爽,然后去教室自习。后来竟然参加了学校的长跑队,尽管成绩平平,但是,耐心与坚韧从此伴随着我的人生。

我经常读同学借来的书,后来自己去图书馆借书,几乎两三天换一批,与图书馆的老师混得很熟,经常多借几本回去。那是我一生最充实最幸福的时光。我不敢说,自己那个时候真正读懂了多少,但我的阅读习惯和兴趣从此养成。今天,我成为全国有一定影响的全民阅读活动的推动者,应该说,与当时的阅读经历是分不开的。

那个时候,有一段为文学疯狂的日子。不仅中文系的同学热情高涨,我们文科其他专业的学生也如痴如醉。范小青与我们同在钟楼北的文科楼学习,那个时候还不认识她，只听说中文系有个才女写小说了。文科楼下经常有他们的作品展示，我也开始大量读文学作品，读中外诗词，也悄悄写了不少诗歌。当然，大部分是不能够登大雅之堂的。但是，从此我喜欢读诗，喜欢诗意与激情的生活。

就这样，日子一天天过去，人生一点点充盈。我慢慢地从一个懵懵懂懂的农村孩子，开始向往新的生活，思考未来的天空。

后来，我有机会过关斩将，在大三时候幸运地成为五名保送上海师范大学教育心理学研修班学员之一。我也开始从江苏师范学院的学生，成为一名"准教师"。

1982年7月，当我学成归来的时候，江苏师范学院已经改名为苏州大学。1987年，我是苏州大学也是当时江苏省最年轻的副教授。1993年，我是苏州大学也是全国历史上最

年轻的教务处长之一。我在担任教务处长期间,推出了学分制、激励性主辅修、必读书目制等一系列教学改革,参与了学校的重组与发展等重大事件,也见证了学校的崛起与辉煌。

尽管我后来成为苏州市人民政府的副市长和民进中央副主席,但从1978年开始,我从来没有真正离开过苏州,离开过苏州大学。只要有时间,我就会在这里与学生见面、交流、讨论,甚至到我曾经的教室小坐片刻,追忆似水年华。

上有天堂,下有苏杭。如果说,苏州是我们苏州人的天堂,那么,苏州大学就是我们苏大校友的天堂。

我经常想,我一生最充实的时光就是在天堂读书的日子。我生命中最宝贵的东西,是这个天堂给我的。我要用我的一生,来回报她。

本文作者朱永新,苏州大学1977级校友,全国政协常委兼副秘书长,民进中央副主席。

苏大"本部",风景独好

苏大"本部"是后来才有的叫法。

从前我们在苏大读书的时候,它还不叫苏大,叫江苏师范学院,更没有本部和外部之分。就是那个地方,在苏州的一条叫作十梓街的普通马路的尽头,所以它是十梓街1号。

一百多年来,来来往往的人,就是沿着十梓街这条不宽的、绿荫覆盖的马路,走过来,或者乘车而来。从我们在苏大读书到现在,也已经过去了四十年。四十年来,这条路的变化并不大,但是苏大发生了很大很大的变化,苏大变成了苏大"本部"。

现在,苏大本部的北门是正门了,但从前苏大本部的北门是个小门,走出去就是苏州的小街小巷,这里还留下了我们曾经有过的荒唐记录。进大学不久,我们一群女生晚上从北门出去看电影,也不知道北门作为苏大的一个小门,是定时要关门的。看完电影高高兴兴回来,才发现北门关闭了。如果从北门绕到十梓街

1号的正门,至少得走半个小时,谁也没有这样的精神和勇气了,那就爬门吧。门高高的,但那时候我们大多数人都是刚刚从农村出来,有的是力气和胆量,三下两下就蹿上门去,跳将进校。唯独我们中间个子最高的女同学,空长有一米七八的个子,绰号"长脚",偏偏就她爬不过来,只好向坐在小巷里乘凉的居民说:老伯伯,借只矮凳。凳子其实不矮,苏州话里统称凳子为矮凳。她借了居民老伯伯的矮凳才爬了进来。我们爬进门后,听到居民在外面哈哈大笑,不知是笑话女大学生竟然爬门,还是笑话长脚白长了两条长腿。

苏大本部的南门现在也还是老样子,出门仍然是小巷,那条巷名叫百步街,既短,又狭窄,就像过去的文章中写的,两个人相遇,得有一个人侧过身子才不至于碰撞。所以,完全可以说,苏大本部就是一座被苏州小巷三面夹攻的大学。也可见苏州小巷的风格是多么的柔软而又强烈,东吴大学的建造者居然也被它影响和包抄了。

现在苏大本部只剩下最后的一边了,那就是东边。可东边也完全没有退路——那是一条外城河。

记得我们刚进校的时候,除了上课,还有一个任务,就是值夜,让我们分成若干个小组,晚上在校区里巡逻。我们那一组女生,巡逻的范围就是学校东部河沿岸。现在几十年过去了,我完全不记得,当时是为了什么而值夜巡逻,是怕有阶级敌人破坏校园,还是防止小偷从河里爬进学校?

不过现在不用大学生们值夜了,就算需要他们值夜,也不用守着河岸了,苏大已经在河上架起一座大桥,连接了本部和东校区,人们每天都自由通畅地往来

于河两岸。

　　走在苏大本部的校园里,回首往事,就在眼前。这是一座西式风景的校园,虽然钟楼又陈旧了一点,但依然挺拔,一字排开的那几幢小洋楼,墙上的爬山虎愈加浓密,小楼的身影也依然风姿绰约。如果不是因为在校园里行走的师生大多数是黑头发黄皮肤,你或许还真以为走进国外的哪一所高校呢。

　　苏大发展了,扩大了,有了许多的分部,但在我看起来,苏大的本部,永远是风景这边独好。

　　本文作者范小青,苏州大学1977级校友,江苏省作家协会主席。

我不是一天到晚泡在书堆里的"书虫"

1976年,我到江西维尼纶厂机修车间做了两年工人,主要学习机械零件加工和照看机床的运行。我始终没有丢掉看书的习惯,晚上坚持看书和写读书笔记,包括《共产党宣言》《国家与革命》《孙子兵法》《三国》《希望回忆录》《回忆与思考》《基辛格》等,当时能找到的书籍不多,但凡能找到自己喜欢的读物,我都兴奋不已。当时我还特别喜欢记笔记,一沓厚厚的笔记本到现在还被老父亲保留搁在老家阁楼里。

我的成长刻上了苏州文化的深深烙印。1977年国家恢复高考，大家心情都很激动。我向工厂请了一个月的假，半天工作，半天学习，将初高中的课本一本本啃过来。尽管有很强的学习欲望，但与当时很多参加高考的人一样，并不抱太大希望，因为国家十年"文革"没有高考，当年累计报名的考生有1100万，首批招生数才17万人。我幸运地被第一批录取，进了苏州医学院，成为一名医科学生。

我之所以选择学医，是因为与当年背诵的毛主席的"老三篇"有关。"老三篇"其中有一篇《纪念白求恩》，国际共产主义战士、加拿大医生白求恩的形象深入人心。尽管当时对医学不了解，家里也没人当医生，但我觉得医生可以治病救人，这是一份有意义有价值的事业。至于选择苏州，我从小就听老一辈人对苏州有"人间天堂"的美誉，苏州文人多，学习氛围浓厚，是个读书的好地方，所以我们那一届有十多个江西考生进入苏州医学院放射医学系。苏州是我们梦想起航的地方。

进入大学后，同学们的求知欲都很强，我学习也很努力，特别是在英语上花了不少工夫。18岁考入苏州医学院学习时，学校进行了英语摸底考试，默写26个字母，我只写出24个，从此我每天早起苦练英语，为数年后顺利赴美深造打下了扎实的基础。

我虽然学习很认真，但绝对不是一天到晚泡在书堆里的"书虫"。我在校园里是个活跃分子。我的琵琶独奏，不管是《十面埋伏》还是《彝族舞曲》都为学校的文艺活动和社团活动增了色。我和另外一位同学的双人舞《再见吧！妈妈》，获得过全省大学生文艺汇演一等奖。我还是学校的体育种子选手，田径队、篮球场都少不了我的身影，我的三级跳远成绩纪录直到苏医并入苏大前还被保留着。我当时还担任学生会的宣传部长，经常组织策划各种活动。大学生活对我来说真是多姿多彩，也造就了我明朗开放的性格。

本文作者詹启敏，苏州大学1977级校友，中国工程院院士，北京大学常务副校长。

我的七张家庭报告书

大学时代,是人生中最宝贵也最难忘的青春岁月。20世纪80年代,我毕业于苏州大学物理系。如今,毕业已经35年了,我的家中仍旧保留着大学时期七张泛黄的家庭报告书。它们是我大学时期温暖而又珍贵的记忆。

1980年,我参加了高考,被江苏师范学院录取,入学两年后,学校更名为苏州大学。我还记得,当时连云港市考上江苏师范学院的共有六人,作为苏北人能到苏州上大学还是很不容易的。

在那个通信不是很发达的年代,人与人之间的交流主要靠信件。大学的第一个寒假,我回家没几天就收到了大学的第一张家庭报告书。信封上用钢笔字工整地写着我的家庭地址和我父亲的名字,后面印着红色的"家长启",最后一行便是"江苏师范学院教务处寄"的字样。

那时候,学校按照学生的家庭地址,信件直接寄到家中。教务人员认真填写成绩,辅导员写评语,由系里寄出。这是家校沟通的有效途径,也是那个年代的特色,反映了学校的治学严谨。

收到大学寄来的家庭报告书,父母自然是开心的,他们对于我的成绩非常满意。虽然母亲识字不多,但是听说我力学考了89分,高等数学考了86分,中共党史、体育等成绩都是优秀,脸上便露出喜悦的神情。我在家中最小,排行第八,是家中兄弟姊妹里唯一的本科大学生,这是值得父母骄傲的。

因大学最后一个学期面临毕业,我四年来共收到了七张家庭报告书,并一份一份珍藏至今。在我心里,它们无比珍贵!毕业这么多年,学生时代的很多书籍都丢弃了,但是这七张家庭报告书始终保留在身边。它们见证了学校的更名,也见证了我踏实而又勤勉的大学时光,为我未来的人生道路打下了牢固的基石。

感念于母校的精心培育,1984年7月从苏州大学物理系毕业后,我回到高中的母校任教。30多年来,我受大学教育的熏陶,从一名青年教师成长为一名中学校长,先后被评为江苏省特级教师、连云港市首批名校长、江苏省首批人民教育家培养对象、江苏省有突出贡献的中青年专家等。后又从教学一线走向管理岗位,任连云港市教育局副局长一职。我的青春梦想得以在杏坛实现,并在教育中收获内心的丰盈与快乐。

结合教师职业特征、自己的教育实践,我提出"普爱而不偏爱、普爱而不滥爱、普爱而不溺爱"的观点。正是在"普爱"的指引下,我的教育实践、教育思想才日臻完美起来。我想,这与大学时期的七张家庭报告书的激励作用密不可分。每学期定时寄到家中的家庭报告书,不仅是成绩的汇报,更凝聚着我的母校——苏州大学对每位学生的关爱。当父母看到成绩报告单的时候,我分明又从他们满意、肯定的神情和言语中感受到温暖与爱。这或许就是"普爱"思想的萌芽吧。

2014年,植根于大学时代的教育,我凝练教育思想,在苏州大学出版社出版了《大道普爱》一书。这本书,体现了一名中学校长的教学思想和办学追求。我想通过这本书,感念母校的培养。

2020年是苏州大学建校120周年,也将是我入学40周年,我从家中小心翼翼地取出尘封近40年的七张家庭报告书,将它们与我的专著《大道普爱》摆在一起。它们见证了我求学和从事教育的难忘历程。

"春风化雨润桃李,杏坛勤耕写芳华。"衷心祝愿我的母校——苏州大学越办越好,培育出更多优秀的社会栋梁之材。

本文作者李宏伟,苏州大学1980级校友,连云港市教育局副局长。

告白苏大：
你是我写过最美的情书

你是我儿时记忆深处天真而远大的憧憬，也是如今梦想成真后饱含激动与欣慰的喜悦。当我手捧录取通知书踏进校门的那一瞬间，我和你的缘分便正式缔结。何曾有幸与你相遇，我的苏州大学。

爱你静谧秀美的自然风光和涵养深厚的人文环境。藤蔓攀附上斑驳的围墙，郁郁葱葱的草木装点着被时光遗忘的角落，霞光铺陈开漫天斑斓，朦胧了独墅湖畔现代建筑的剪影。行走于这片历史与科技完美交融的土地上，恬然与平和将会不由自主地于胸膛内蔓延。而缤纷多彩的校园文化，则潜移默化地渗透进苏大人生活的方方面面。布告栏上实时更新的海报为我们开辟了一扇获取讯息的窗口，道路两旁的展板汇聚成一条五彩缤纷的长廊，路灯下飘扬的五星红旗唤起了华夏儿女炽热的爱国情怀。你从20世纪泛黄岁月的钟声中款步走来，跨越了百年流芳，奔向下一个崭新的时代。

爱你严谨专注的学术氛围与友爱互助的师生团队。三尺讲台之上，教授师长们终日兢兢业业，用行动书写着奉献的流年。他们将密密麻麻的知识点化作工整的板书，以耐心温和的态度为每一位前来问询的学生答疑解惑。莘莘学子一如既往地勤奋刻苦，知识的海洋是他们徜徉的圣地，学问的殿堂是他们追求的目标。不论是在整肃的课堂还是在安静的图书馆，总能看见他们奋笔疾书的身影。在茫茫夜色中，他们永远是那一盏照亮黑暗的暖灯，让奋斗精神代代相传。你那良好的氛围熏陶着每一位在这里学习工作的苏大人，促进他们一起进步，共同成长。

爱你丰富多元的活动组织与开放包容的社团文化。恰逢

灿烂金秋,校园运动会与校园马拉松在众人翘首以盼下如期而至,运动点燃了血液里澎湃的活力与热情,为校内外的参赛选手筹备了一道体育盛宴;待到凛冽冬至,热气腾腾的手工美食温暖了寒冷的冬天,给予了每一位苏大人家一般的温馨与甜蜜;邂逅盛夏光年,一场隆重而盛大的毕业典礼是送给毕业生们的离别祝福,为这段美好的大学生涯画上一个圆满的句号。课余时间,各种各样的学生社团组织是你提供给学子们锻炼能力的绝佳平台,在爱好与特长的双重驱使下,同学们得以在属于自己的舞台上充分展现自我,增强综合素质,提升责任感与使命精神。

　　当我遇见你,我便更加明晰了未来拼搏的目标和意义。今后的日子里,我也会在你的陪伴下继续努力,争取在将来遇见更为出色的自己。

不一样的"百团大战"

金秋九月,校园里桂花飘香。楼下响起了那首令人热血沸腾的 *All Falls Down*,一眼望去,整齐的红色帐篷中穿梭着一个又一个身着绿装的军训新生。仔细看,他们脸上满是好奇与欣喜。正疑惑,隐隐约约听见了几句"同学,东吴剧社了解一下!"原来,一年一度的"百团大战"开始了。

每年的"百团大战"我都会去逛一逛,倒不是为了加入心仪的社团,而是喜欢感受那些在"百团大战"活动中展现出的苏大社团文化,浓烈又热情、丰富而独特。年年岁岁花相似,岁岁年年的社团风采并不同。

和往年一样,人群最密集的往往是舞之炫舞蹈健身协会和五月天音乐社这类社团。九月的苏州依旧不乏暑气,可男孩一首轻柔的歌、女孩一支甜美的舞,就能使人神清气爽。踩着滑板轻盈穿梭于人群的少年、穿着汉服亭亭玉立的少女、握着毛笔苍劲有力题字的"书生",每一处都是风景。

　　这边是成立于1908年的东吴剧社，那边有极具风格的东吴相声俱乐部，还有致力于志愿服务的唐仲英爱心学社、讲述苏大故事的"苏小招"招生宣传志愿者协会和关注学生发展的"苏小就"就业服务志愿者协会，集结体育爱好者的苏州大学Kicker足球俱乐部等，八大类型，共300多个社团争奇斗艳，只有你想不到的，没有在"百团大战"看不到的。

　　在我看来，"百团大战"的意义不仅仅在于社团招新，更在于彰显苏大作为一所百年名校、一所综合性大学的包容性，体现了苏大社团人对社团精神的传承与发扬，体现了苏大学子的青春朝气与创新活力。

　　这就是我眼中的"百团大战"，它有着18岁少年的意气风发，也有着120岁苏大的文化底蕴，像一壶好茶，闻一闻清香袭人，品一品回味无限。

辩论之趣：真理拆半

辩论的辩题是将一个真理拆成两半，双方不断地往两个极端探索，诚然，最后也辩不出谁对谁错。而辩论最具魅力的地方，恰恰是不知道谁对谁错。每一场辩论赛都是一次思想火花的碰撞，而每一次的碰撞势必会产生新的思想。如此循环往复，将辩论的魅力发挥到了极致。

"谢谢主席，大家好！"这是每位辩手在辩论讲台上会说的第一句话，是开始，是花苞绽开的一瞬间，是法式西餐的前菜，是思维转化为语言表达的铺垫。这一句该蓄力了多少呢，是日夜的讨论吗？不全是。在辩题讨论中，时间是最简单的成本，热忱和专注是将时间转化为思考力量的宝藏。每个人都有自己的思考，也有好辩的天性，想要成为一个团队，需要的是融合，这个融合有时就是思维与思维的磨合。被否定的时候需要热忱、需要专注、需要全力以赴。人的知识储备总是有限的，也许准备了一个星期的论词会被整个推掉重新来过，但若能认识到自己思维的局限，并能继续保持对新事物的思考，这份热忱和专注也足够珍贵。

苏大有许多品牌的辩论活动，从面向中学生的"东吴杯"全国中学生辩论赛到令人期盼的新生辩论赛，赛场上，辩手你来我往、唇枪舌剑、全力以赴。他们通过犀利的语言、机敏的反应、默契的配合、清晰的思路，将思考成果传达给观众。每个持方对自己的观点都坚信不疑，尽管说服对方辩手并不实际，但他们都竭尽全力，希望评委和观众可以从言语中感受到思维碰撞所迸发的火花。2008年，苏大辩论队问鼎世界大专华语辩论赛冠军。

为了站在辩论讲台上，他们度过了一个个口干舌燥的夜晚，洒落了一滴滴辛劳的汗水。每个人在台上都有自己的思考，每个人在台下也都有不同的观点，这不仅仅是一番简单的辩论，更像是在创作一幅艺术作品，每个人都在用满腔的热忱和热血为这幅作品增添独特的内涵和色彩。思维的磨合，意识的交碰，让这辩论赛的氛围愈加浓烈。果真将以明是非之分，审治乱之纪，明同异之处，察明实之理，激昂的心情久久难以平复。

苏大辩手的舞台是会有很多人搭建的，不仅仅有辩手，还有我们。

秋的邂逅

秋

东吴

遇苏大

溺于美景

学于天赐庄

历经军训磨砺

亦惊于选课之争

渐习惯校区间奔波

手忙脚乱终步入正轨

力求学业与活动之平衡

不经意间任时光匆匆而逝

每日奔波旅途暂告段落

期末考试周记忆犹新

早七晚七不怠不归

于家中悉知结果

也算尽如己意

今幸会百廿

诚愿母校

诸事盛

温婉

安

姜昆题名的相声社团，
我参与创建的

　　相声，是一门传统的艺术形式，它与百年苏大结缘始于2007年，而我见证了它成立的全部过程。

　　2007年11月9日，在时任社会学院党委副书记查佐明老师的鼓励和支持下，我们一群喜欢相声的小伙伴，自发组织成立了东吴相声俱乐部。于我们而言，苏大多了一方分享快乐的舞台；于同学们而言，校园内有了一个可以近距离感受传统艺术、传统文化的社团。

　　其实，早在2006年我们就开办了"相声大会"，对于南方的高校来讲，这是新鲜且陌生的。据我了解，在此之前江南的高校没有举办过相声专场演出，更没有表演过原汁原味的传统相声，相声之于苏大的同学们，能被想到的仅仅是春节晚会或电视媒体上的样子。所以，当我们第一次把相声演出海报贴在学校宣传栏上时，我装作旁观者驻足观看，其实是为了听一听别人的评价，看看他们感不感兴趣，想不想来。头一回搞这样的活动，我和小伙伴们心中都没有底。

　　看着他们沿着海报栏一张张扫过，终于看到了我们的海报，皱着眉头，操着略带南方口音的普通话："传统相声《捉放曹》《文章会》？"我心里紧张地打鼓，生怕他们说出一句：这都是什么东东？还好，他们没有什么非议，同学们对于新的事物还是持开放包容的态度，但他们也确实不感兴趣，因为头一次相声大会的观众，都是我们挨个宿舍生拉硬拽来的室友。他们不情愿地来了，听了就不想走了，乐得那叫一个开心，我们小小的教室似乎被掀了房盖儿。那时，他们第一次感受到了传统相声的独特魅力。

　　一直到后来，2007年11月9日，第三次相声大会也就是东吴相声俱乐部成立时，这些人都是我们的忠实观众，按现在话说——妥妥的铁粉儿。第三次相声大

会，我们的演出场地从小教室搬到了医学部四楼报告厅，一个能容纳300多人的小剧场。有了像样的舞台，我们兴奋极了。更开心的是，从这一天开始，苏大有了自己的相声社团，有了属于苏大"相声人"的骄傲。我们当时还信誓旦旦地说，要把相声社团做成和"东吴剧社"一样的百年社团，我们离"百年老店"还差一百年！这些慷慨激动的语言伴着小伙伴们的笑声久久回荡在我的心中。

我毕业之后的2010年，著名相声表演艺术家、时任中国曲艺协会副主席的姜昆老师来苏大作讲座，为东吴相声俱乐部题写名字，并为社团留下金句"我愿相声重抖擞，不拘一格降人才"。

在我写下这些文字的时候，往昔一切都浮现在我的脑海里，而现在，相声社团离"百年"大约还差八十七年喽。

本文作者林雨，苏州大学2005级校友。

惠寒精神：大山里的故事

"薛媛媛，你长大以后想做什么呀？"

"李老师，我长大以后也要和你一样，回我们村子里来当支教老师。"

故事发生在大山里。大山，是秦岭。秦岭北麓，一个叫张家坪的小村庄。张家坪学校，是苏州大学第16所惠寒学校。

每次提到"张家坪"，我总能想起五年前的暑假。2015年7月，作为大一新生，我加入了苏州大学"关爱兰花草陕西支教团"，第一次来到了蓝田县张家坪学校，参加为期15天的支教夏令营活动。蓝天，白云，青山，绿水，明眸。这一切，如同孩子们的心灵一般，纯洁而宁静。15天，注定是难忘的，临别，我答应了泪眼蒙眬的孩子们：我会回来！

我不知道"我会回来"这四个字对孩子们意味着什么，我只感觉，有种力量，把我和张家坪连接了起来。大学四年，四个暑假，我坚守着这个小小的承诺。张家坪，也是我一个小小的精神家园吧。大四时，我有幸通过了中国青年志愿者扶贫接力计划苏州大学研究生支教团的选拔，分配学校时，我毅然选择了条件最艰苦，但令我最向往的张家坪。2018年8月，我开启了令我满怀期待的支教生活，这也是我第五次来到张家坪。

支教生活，是难以用几句话说清楚的。停水、断电、封路、严寒、笑脸、生命、纯真与梦想。我曾步行两个小时去家访，沿途小鸟作陪，白云为伴；也曾多次邀请家长到教室，就家庭教育把茶言欢；为了打好孩子们的知识基础，我加班抢课补知识点；作为"补课"的回报，我给四、五、六年级孩子们举办了他们人生中第一场元旦晚会。升入三年级，孩子们就可以去图书馆自主借书，我主动承担管理图书的任务。依然记得，孩子们第一次来到"惠寒书屋"时，惊喜而兴奋，他们左挑右看，窜来窜去，在书籍的世界里流连忘返。

一年的时间，我和孩子们一起学习、一起吃饭、一起游戏、一起劳动、一起合影、一起成长，一起度过充实快乐的每一天。在这里，不仅我是孩子们的"李老师"，孩子们也是我的小老师，他们淳朴善良的品质无时无刻不在影响着我。有时间，我一定再回来看看，看看孩子们的成长与变化，看看张家坪这个令我魂牵梦萦的小山村。

春去秋来，一年匆匆，临行前，我偷偷给小学部里的每一个孩子写了一张明信片，希望能在他们心里种下一颗惠寒精神的种子，生根、发芽。德国哲学家雅思贝尔斯说过："教育，是一棵树摇动另一棵树，一朵云触碰到另一朵云，一个灵魂唤醒另一个灵魂。"

"薛媛媛，你长大以后想做什么呀？"

"李老师，我长大以后也要和你一样，回我们村子里来当支教老师。"

你听，惠寒精神不是已经生根、发芽了吗？

本文作者李智鑫，苏州大学2018级研究生，中国青年志愿者扶贫接力计划苏州大学研究生支教团成员。

苏大：是你让我成长

"我的人生是一片不知从何下笔的空白。"我盯着前两天翻出的高三日记本上的这句话，甚至能够回忆起写下这句话时的丧气与不被认可的恐惧。问我后来吗？后来啊，千军万马过高考，远方邮来我崭新人生开始的船票，在苏大安得一方平静海面。

我跟苏大才刚一起走过两年，不过是她一百二十个年头的六十分之一，但我在她的包容下成长起来的自信与认知力、抱负与热情，定会萦心一生。

苏大永远给我选择的平台与空间，尊重每一份付出，为每一种未来喝彩。在这个纸媒的寒冬，我很庆幸能加入学校的《击水》报社。我和报社的朋友一起为自己的文字变成铅字而开心，我还把高中时每一次夜里的辗转反侧说给他们听，然后一起笑彼此"发酸"的文青时刻，也一起熄灭过去的颓唐迷惘。我学会选择，不去跟自己的劣势死磕，用自己写的诗与文章捧回学校的肯定。被认同的感觉真的很好，我打电话跟妈妈说。

收到录取通知书之前，我查了整整一周的独墅湖校区生活攻略，结果却发现要去天赐庄校区报到。没有独墅湖的独立卫浴，可我竟也爱上了天赐庄的公共盥洗室。在宿舍洗漱时，若遇上同样刚上完自习来此洗漱的同楼层姐妹，我们一定会"心心相惜"地开展洗漱夜聊。我记得有段时间"线性代数""好难"等词频繁出现在我们的盥洗室夜聊中。

太多了，我裹满糖霜的挂着苏州绵绵细雨和桂花香的珍贵回忆，唯愿君多采撷。我记得舍友兴冲冲地把我拉到本部博远楼的红门拍照，我尴尬的笑容加上僵硬的剪刀手被吐槽是远道而来的游客；和朋友做完实验从物理科技楼出来去吃晚饭的路上，看阳光照在白墙灰瓦上，好想剪一寸披在身上；毕业季，对着学长在

朋友圈里发的凌晨四点钟的回寝记录啧啧称奇;我轻碾着校园里落地的软塌塌的枫叶,告诉朋友自己老家的落红是那种可以踩碎秋天踩出响声的脆。

我在苏大的这两年,满载而归,善善从长。我被给予足够的自由,选择最清晰的道路去抚轻尘、攀巉岩,被赠予试错的包容,卸下心头防备的铃铛和前进的游疑。我在这里成长,带着不远万里齐聚苏大的热忱,历经着乘风破浪,心中有丘壑,到最终海纳百川的过程。

"我的人生其实是一幅未完竟的画",我在泛黄日记本的空白处写道。在苏大的这两年,我一直都在画布上勾勒苍黛酡红。未来,就让一切发生,我会完善我自己。

致苏大博物馆的一封信

亲爱的苏大博物馆：

展信好！

那是2017年9月，我第一次认识你。

满怀着对大学生活的美好憧憬，我来到了苏大。漫步在东吴大学旧址，享受着百年苏大留存的历史风韵，我看到了你——苏州大学博物馆。

你，历史悠久，饱经沧桑。建于20世纪30年代的司马德体育馆是你的前身，与众不同，别具风味，你本身就是一座文物。你，包罗万象，应有尽有。漫步在"跨越百年的流芳"校史展厅，我感受到百廿苏大的发展历程，了解到优秀校友的杰出贡献；穿梭于"艺苑菁华""蓝白世界""文物荟萃"三个文物展厅，我感叹于吴地的艺术底蕴，赞叹吴门艺术家的卓越才情；参观了"初心不改浩气长存"共产党员英烈生平事迹展，我敬仰革命烈士的感人事迹，坚定了信仰的力量……

那一天，我在博物馆久久徘徊。你的底蕴、你的特色、你的内涵、你的知识，让我义无反顾地选择进一步了解你——做一名博物馆讲解志愿者。

与前台老师沟通报名后，我开始了与你每周一次的"约会"。你拥有大大小小七个展厅，导览词全文近四万字，想要彻头彻尾地了解你绝非易事，但是我从未想要放弃，因为你是如此令人心驰神往。每当我用心体会你的百年历史变迁，感受文物传承的魅力时，那些文字便像涓涓细流一般滋润了我的心田。功夫不负有心人，历时整整一个月，我通过了考核，成了一名博物馆讲解员。

转眼间，三年的时光在不知不觉中悄然走过。

　　在每周一次的讲解工作中，我为来自五湖四海的参观者介绍你，学富五车的老师、国际交流的友人、年高德劭的校友、初入校园的新生，每一次我都尽力做到最好，想让更多的人了解你。让我印象深刻的是，在2019年，我有幸作为志愿者参加日本中部六省大学生访苏研学交流活动，那次的任务是带领日本大学生参观校园，我毫不犹豫地选择让他们认识你。当我生动详细地用日语讲述着东吴大学从创校初期的办学多艰，到民国时期的群星璀璨，再到新时代争创一流的历史经历时，在场的日本大学生们都对苏大有了更深的了解，无一不感叹苏大无与伦比的魅力。那一刻，我骄傲于自己能够在苏州大学这样广阔的平台得到这样的机会，也自豪于自己能够熟知母校，能自信地为国际友人介绍学校源远流长的历史。

　　正值建校百廿之际，由衷地向你说一声谢谢，我的大学生活与你——苏州大学博物馆环环相扣，你在时间的那头，而我在这头。愿苏州大学，愿苏州大学博物馆，积历史之厚蕴，乘时代之雄风，宏图更展，再谱华章！

　　此致

敬礼！

白雪菲
2020年5月

得遇苏大,春风临怀

丹枫迎秋,庚子十月将至,晚生何幸,得入苏大!遥怀初遇,唯有春风最相惜,一年一度一归来,适逢校庆百廿之年,有感斯怀,时萦梦魂,聊付诸笔。

忆初见卿,杏月花前,高楼轩敞而巍然,杏蔼春色,吹度心池。心向往之,置卿"苏州大学"四字于书卷,常立案前,当谢相陪濯濯如春柳。残腊随人霁,芳树上苑开,夜深偶倦,掩卷见卿,一时心意温和。

一载藏怀,挑一阕春送暖,拒文杏,期灼灼三千,卿似佳人,叹小桥风催衣,袖打成千落英下,予一场相见欢。

二载常念,捻一罢秋携凉,消溽暑,邀挚友三五,余拥良篇,吟一曲回肠散,勾兑二三复羽弦,颂一章荡气传。

岁月滔滔,于今四载,卿之种种,教余明代谢之盈虚,知替兴之数理。吞吐风流,湮英逝士。余既求学于苏大,焉敢隐心而微竭!应兰亭昔人之兴感,得京口旧典之抒怀。慨往矣之淘尽,激今盛而由情。颇敢指点,纵观万里扶摇寰宇;竟使折腰,横览千秋易造乾坤。起凌云之志气,生报苏大之怀情。

夫天下志之不怀,天下事之焉举?养天地之正气,法古今之完人。斯壮心之

所趋,豪情撼岳,忠业不疲。操矢不移,其言也易,其行也难。砌砾成城,凝流汇海。赖常德以终道,累毫仁以立名。盖辨是非而别善恶,省于身而鉴于行,孜徉札卷,跂望诲闻,日三参以详,是以有苏大学子之姿。

噫!往不可及,来不可待。驭舵以追日,研精以明智。得苏大谆谆育英,今之生也幸,充我心智,博我见闻,虽力微才薄,亦当竭尽报效,尚死生之有道。

碧桃花下感流年,金风玉露一朝缘。灞桥楚歌远,四年为期,此行不为将进酒,愿此魂梦长相伴。

今苏大毓秀,人烟繁富。甘雨车行,仁风扇动,雅称莘莘学子。河山相持,承千家冀望。期年之后,待骏业日新,鸿图聿展,当共卿把酒听杜宇。也怀丁香枝上,亦曾豆蔻头梢。玉簪添灯,纤手新橙,归马跃来,仍见卿迎门轻笑。

帘外碧池风临,远山路遥。室内暖意氤氲,青叶新煎。拢袖探指,提笔挥毫,纸短情长,不胜盼祷,惟望卿安。

得遇苏大,春风临怀。

本文作者顾博文,苏州大学2019级本科学生。

龙舟上的飞驰人生

如果你问他大学四年都做了什么？他只能回答你，他划了四年的龙舟。

回想大一，受舍友的"蛊惑"，他来到了这支让他血拼四年的队伍——渡浪龙舟社。大一寒假，游泳馆划水成为他对龙舟最初的回忆，也种下了他龙舟梦的种子。有了梦想，才有了冬练三九、夏练三伏的动力。龙舟训练非常辛苦，单一而重复的动作让人小臂酸胀、腰疼腿麻、屁股酸痛，令人疲惫。而且每次训练完衣衫都会被汗水与河水浸透，极为不适。随后退队的人越来越多，但他并没有放弃，因为他心中有梦，想为之努力并坚持下去。

他的四年龙舟生涯，见证了苏大龙舟队从辉煌走向低谷，也见证了苏大龙舟队重新走向辉煌的艰辛，他对苏大龙舟的感情是那么的刻骨铭心。即使省运会的伤病到现在仍困扰着他，但他对苏大龙舟的爱依旧那么深沉。如今，龙舟队在丁海峰教练的带领下已重现辉煌，渡浪龙舟社也是人才济济。

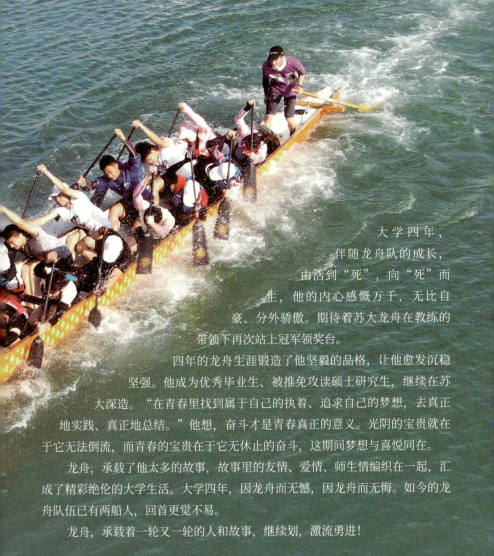

大学四年,伴随龙舟队的成长,由活到"死",向"死"而生,他的内心感慨万千,无比自豪、分外骄傲。期待着苏大龙舟在教练的带领下再次站上冠军领奖台。

四年的龙舟生涯锻造了他坚毅的品格,让他愈发沉稳坚强。他成为优秀毕业生、被推免攻读硕士研究生,继续在苏大深造。"在青春里找到属于自己的执着、追求自己的梦想,去真正地实践、真正地总结。"他想,奋斗才是青春真正的意义。光阴的宝贵就在于它无法倒流,而青春的宝贵在于它无休止的奋斗,这期间梦想与喜悦同在。

龙舟,承载了他太多的故事,故事里的友情、爱情、师生情编织在一起,汇成了精彩绝伦的大学生活。大学四年,因龙舟而无憾,因龙舟而无悔。如今的龙舟队伍已有两船人,回首更觉不易。

龙舟,承载着一轮又一轮的人和故事,继续划,激流勇进!

苏大印象

　　学子聊发苏大强，左阳澄，右独墅。满座同窗，绝美天赐庄。为报人才纷聚首，养正气，自难忘。

　　夜来美梦忽还校，春意浓，如往常。满树欢喜，热烈不张扬。杏白桃红又鹅黄，浅浅开，淡淡香。

　　钟楼暮鼓岁月藏，若诗画，真模样。融融午后，情人坡上躺。漫步晴岚东吴墙，圈涟漪，凌波光。

　　古朴恢弘收眼底，红楼旁，敬贤堂。挑灯夜读，群书明真理。乘风破浪会有时，逐梦想，终回荡。

　　垂涎三尺迎味蕾，脆皮鸭，熬高汤。满腹经纶，亦土豪食堂。五谷鱼粉四溢香，黄焖鸡，神气爽。

　　青年胸胆尚开张，发微伤，又何妨？埋头苦读，抬首见狗粮。我辈不负君培养，夺嘉奖，太匆忙。

　　纷彩校园建舞台，百团战，齐开抢。竞技赛场，健儿身手强。东吴艺术迈国际，摘金银，喜成双。

　　百廿老校庆诞辰，话历程，未来望。沧桑砥砺，立时代潮头。办学史诗远流长，凝智慧，塑辉煌。

　　风华正茂恰东吴，授知识，传能量。春华秋实，声教暨寰中。海阔天高路开朗，法完人，自轩昂。

一眼"贝雷帽",一生苏大人

2018年那段紧张的高考时期,偶然一天,我打开微博,点开苏州大学的一条消息,第一次看到了苏大的熊思东校长。他戴着贝雷帽,站在讲台上给毕业生做演讲。我想:"谁家的校长这么可爱?"

那时候,我的内心萌生了一个愿望,我要考苏州大学!直到高考完,亲手接到录取通知书的那一刻,我才发现梦想照进了现实!

我与苏大的缘分就此联结……

那天,天气晴朗,苏大学子神采奕奕,迎接了属于我们苏大人的开学典礼。

即使隔得很远,我终于第一次看到真人"贝雷帽"校长。在钟楼上,熊校长金句频出的精彩开学演讲留下了难忘的记忆。我也记得校长的期许:不要在最好的时光里做大学的"游客",而是要在大学里有奋斗的故事;不要做青春的"过客",而是要利用四年发展自我、完善自我;不要做时代的"看客",而要做新时代的奋斗者。

回顾在苏大近两年的日子,我也曾迷迷糊糊,也曾忙忙碌碌,但每当有想放

弃的念头时，身为苏大人的我又想起来到苏大的初衷。在迷茫中慢慢成长，这两年的时光里，我并不算优秀，但如果与过去的"我"相遇，我想那个"我"也会知道我改变了很多、成长了很多，这些，都是我在苏大的怀抱中成长的痕迹。我爱苏大的校园，爱她春日的呢喃，爱她夏天的狂欢，爱她秋日的私语，爱她冬天的纯白！苏大的四季变换，都是那么美不胜收，令人心醉。

在苏大的日子里，我参与了运动会等学校、学院举办的各种集体活动，收获了友谊和成长。我从身边优秀的学子中汲取力量，一路向前闯，在青春中努力奋斗，在实践中放飞梦想。苏大给了苏大人一个很好的平台，希望有一天我也可以成长为令母校骄傲的苏大人！

苏大的生活是丰富多彩的，苏大的人是善良可爱的，苏大的明天是更加美好的，何其有幸，成为苏大人，见证她的120周岁生日。在苏大一路走来，有苏大陪伴的每一个四季，都让我留下了美好的回忆。

苏大母亲，120周年快乐，我们永远爱您！没有更深刻的言语，只愿时光慢一点，我还可以多一点时间陪伴您！

熊思东校长开学典礼金句

◆ 纵有千难万苦,苏大肩膀任你依偎。"此心安处是吾乡",若我们能够携手同行,他乡便是故乡;若你们能够静心求学,苏大便是新家。

◆ 我衷心希望你们能够在仰望、转身、抬头、俯身、跨越之间挥洒青春、追求卓越,祝愿你们与苏大的这场相约,成为你们人生中最精彩、最难忘的篇章!也愿你们,莫忘来时路,不负少年心!

◆ 走进东吴门,一生苏大人,你们不是苏大的游客,而是苏大最年轻的主人,代表着苏大的现在和未来。

◆ 希望你们成为敢于追梦的勇者、勤于行动的强者、善于决断的能者、成于思考的智者,在这个开放包容的大学校园里,始终拥有"春播"的希望、"夏耕"的热情、"秋收"的丰厚、"冬藏"的宁静,开垦好自己的未来,谱写一曲最美的青春四季歌!

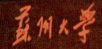

舞动的青春，传承的力量

"东吴有佳人，轻盈绿腰舞。华筵九秋暮，飞袂拂云雨。"古韵悠扬的苏州大学中，有着这样一位倾国倾城、婀娜多姿的绝世佳人——苏州大学东吴艺术团舞蹈团。

初识·神往

我与她的初次相遇，是在2014年9月，苏州大学的美育第一课——迎新生专场文艺演出。东吴艺术团的学长学姐们在灯光璀璨的舞台上，用精彩绝伦的舞姿迎接2014级新生的到来。整场演出令我热血沸腾，江南绣女的柔美动人，东吴男儿的热血阳刚，那一个个光彩夺目的身影深深印在了我的脑海中。演出之后，我的内心便充满了对舞台的向往，以及对东吴艺术团的憧憬与期待。

相遇·定情

从加入东吴艺术团舞蹈团的那一刻起，我便感到十分骄傲与自豪。这份骄傲与自豪，来源于东吴艺术团学长学姐们取得的光辉成绩——多次登上中央电视台的舞台，在全国大学生艺术展演上屡获金奖，曾出访美国、老挝、缅甸等国家进行文化交流演出，并在维也纳金色大厅的舞台上一展东吴风采。同时，我的内心却又是那么忐忑不安，总担心自己做得不够好，因为入团前，我从未接触过舞蹈，也没有过舞台经验，肢体并不协调，总害怕自己会成为团队的绊脚石。但凭着对舞蹈发自内心的真挚热爱，我始终都在一点一点地努力，去追赶大家的脚步。

相知·共进

舞蹈团每周五晚的集训我一次都未曾缺席。训练时的每一刻，我都毫不松

懈地练习着节拍和动作。回到宿舍之后,我还会向艺术团其他的小伙伴请教,常常伴着走廊昏暗的灯光一遍又一遍地重复舞蹈动作直到深夜。演出前夕的彩排紧锣密鼓,早上三个小时、下午四个小时共计每天七个小时的高强度排练,我也在咬牙坚持,每一个八拍的动作都要力求完美。团员们的训练服被汗水浸透,舞蹈房的地板被我们的汗水打湿,我们没有一个人放弃,只想在舞台上展现出最好的自己。"梦想开始的地方"迎新生专场演出、江苏省高雅艺术进校园综艺专场演出、第五届江苏省大学生艺术展演,我终于和伙伴们一起,用舞蹈描绘东吴之美,传递东吴之情。

回首·难忘

回想自己在舞蹈团的经历,我明白,无论做任何事,最重要的不是你有多少基础和天分,而是你是否有勇气迈出这第一步并且能坚定地走下去。毕业之后,我留在了苏州,成为一名人民教师。在教书育人的同时,我也带领孩子们一同排练舞蹈,教会他们勇敢自信与坚韧不拔。我愿意将东吴艺术团的这份精神传承下去,让更多的孩子绽放自我,描绘出精彩的艺术画卷,收获自己的精彩人生!

凤凰花开，我们毕业啦

初夏六月，一首《凤凰花开的路口》勾起许多关于毕业季的情愫，除了身穿学士服，和三两好友、恩师前辈在生活许久的校园留下珍贵的影像，所有苏大毕业生都还有个共同的期待——一场隆重而意义非凡的毕业典礼。

浓浓仪式感不缺席

年年上热搜的苏大毕业典礼总被羡慕地称为"别人"家的毕业典礼：苏大点亮苏州地标东方之门为毕业生送出"全球苏大人，有梦梦成真"的祝福，万人体育馆里我们逐一登上舞台，主礼教授挨个扶正流苏、颁发学位证，定点的机位、专属的照片，还有订制珍藏版本写满毕业生在校期间"大数据"的专属金钥匙，更不用说典礼前一个月就早已开始预热的系列精彩毕业活动。如此宠学生的毕业典礼，怎么叫人不羡慕？

暖暖相伴在身边

毕业生自然是这一天绝对的主角，许多"神秘嘉宾"也受邀来到仪式的现

场,父母、伴侣,还有博士毕业的学长学姐带上了自己的宝宝,这么重要的时刻,一家人必须整整齐齐!时刻在线的保安叔叔、每天陪伴的宿管阿姨、用可口的饭菜喂胖我们的食堂大厨……在校园中陪伴我们成长成才的亲切面孔也和朝夕相处的伙伴、师长一起,在这即将离开校园的时刻为我们送别,给我们加油!

谆谆叮嘱绕耳畔

毕业典礼也是苏大N年生涯中的最后一课,分享成长收获的同龄学生、言语满是祝福和叮咛的师长前辈,当然一定少不了最精彩、最令人期待的校长致辞环节!有趣有料的熊思东校长被同学们亲切地叫作"熊大大",纸短情长,金句频出,有笑有泪的亲切寄语总会火速成为校园里的流行语。

又到凤凰花开的路口,又一批苏大人将在这个夏天扬帆起航,一场仪式、一份期待、一点勇气,我们将以"苏大毕业生"这一共同的身份,汇入人海,劈波斩浪!

熊思东校长毕业典礼金句

◆ 作为未来的建设者,你们多一份情怀,国家就多一份美好;你们多一份情怀,民族就多一份希望!

◆ 你们的大学生活就像钟楼上的指针,把几年的时光走成了一个又一个既圆满又美丽的圆。

◆ 在这里,我要请同学们把最热烈的掌声送给自己,祝贺你们创造了属于自己的"王者荣耀"!

◆ 希望你们坚守"苔花如米小,也学牡丹开"的志向,秉承"千磨万击还坚劲,任尔东西南北风"的韧劲,怀抱"愿历尽千帆,归来仍是少年"的初心,守护最初的梦想,谱写属于自己的"时间简史"。

◆ 别怕"多折腾"、不惧"走弯路"、更无畏"跑龙套",珍惜青春赋予你们的一万种可能,勇敢去闯荡青春的一千条道路,用奋斗和汗水去铸就一百种成功,"折腾"定能现美好,"弯路"定会出坦途,"龙套"终将变主角。

◆ 愿你们从青丝到白发,心归处,是苏大。

《折叠夏天》MV

第五章 品味"食"尚美

君到姑苏见，人家尽枕河。水漾出来的苏州，来客熙熙攘攘，除了粉墙青瓦摇船，去庭院深深处见姑苏的美景美人，更要去满足口腹之欲，感受风俗人情。

烟火人间，最不可辜负的就是舌尖风味。或是以松花酿酒，伴春水煎茶，做些巧思，将诗情与风雅烹煮以温岁月；或者干脆涌入街头巷尾，市井里弄，与五湖四海的朋友大快朵颐，不醉不归。

这是老姑苏了，最鲜活的，还是苏州大学内那些小饕餮们的美食心得。苏大月饼、冬酿酒、烤鸭泡饭、爱心泡面……那些平凡的美食因有了人与人的羁绊，而变得风味无限。

舌尖上的苏州二十四节气

"春雨惊春清谷天,夏满芒夏暑相连。秋处露秋寒霜降,冬雪雪冬小大寒。"短短二十八字,将二十四节气尽囊其中。苏州人素来讲究"不时不食",那么当二十四节气遇上苏州,会有哪些惊喜呢?

首先是二十四节气之首,立春。在立春这天,苏州人是要吃春卷、春饼的,俗称"咬春",有迎春、祈盼丰收之意。

而酒酿圆子则随雨水如期而至,带着酸甜和醇香沁在苏州人的唇齿之间,酒酿的醉人和圆子的Q弹相得益彰。

惊蛰时节,万物复苏,鲜美的螺蛳迫不及待地走上了老苏州的餐桌,饱满鲜嫩,令人垂涎。

到了春分,春笋上市之际,让老苏州念念不忘的必是腌笃鲜了。腌笃鲜口味咸鲜,汤白汁浓,肉质酥肥,笋清香脆嫩,鲜味浓厚,透着浓浓的江南味道。

老话说"一年四季四块肉,春天的酱汁肉,夏天的荷叶粉蒸肉,秋天的扣肉,冬天的酱方",苏州人将猪肉这一食材,在餐桌上运用得淋漓尽致。清明时雨纷纷,肥而不腻的酱汁肉在这个时候携着细雨斜风款款而来。而青团既是江南传统特色点心,也是清明时节人们心心念念的时令美味,口感软糯,甜而不腻，带有清淡却悠长的青草香气。

谷雨时节，叶厚芽嫩，绿叶红边的香椿头准时出现在苏州人的餐桌上，清新鲜嫩，营养颇丰。

转眼到了立夏，在这一节气，苏州人有尝三鲜的习惯，即蚕豆、红苋菜、咸鸭蛋。蚕豆又叫发芽豆，立夏吃豆，讨的是"发"的彩头，红苋菜图的是"红"运当头的吉祥，而咸鸭蛋据说有"不疰夏"的功效。

"春风吹，苦菜长，荒滩野地是粮仓。"在小满前后吃苦菜，苏州人认为此是清热祛湿之佳品。

说到芒种，自然是吃杨梅的时候，"红实缀青枝，烂漫照前坞"，说的就是杨梅的诱人色泽，品尝起来也是酸甜可口。

忽而夏至，所谓"冬至馄饨夏至面"，老苏州在这天是要吃面的。像枫镇大肉面、三虾面、风扇凉面、卤鸭面、素交面，都是可供选择的爽口夏令面。

小暑这一天喝童子鸡汤是必不可少的。按照传统饮食习惯，童子鸡汤的口感没有老母鸡汤那么浓郁，但苏州人认为胜在清淡，在炎夏更易吸收。

莲蓬头是苏州人大暑这一时令的不二选择。"莲子深深隐翠房"，夏日的苏州街头，

随处可见挑着竹筐卖莲蓬头的老农,莲子清甜,深受喜爱。

立秋时节,苏州人选择熬上一碗浓稠的绿豆百合汤,祛除暑气,一碗入胃,清凉解热。

老苏州有"处暑吃鸭子"的传统,苏州人最爱的莫过于"苏式酱鸭",早年松鹤楼曾靠一道酱鸭而誉满天下。

白露一到,中秋也就将近了,苏州人喜爱在这一时令吃芋艿、菱角、莲藕,因其是中药常用药材,也被誉为养生"三宝"。

"秋风起,蟹脚痒",秋分为苏州人送来期盼已久的大闸蟹。诗云:"蟹螯即金液,糟丘是蓬莱。"螃蟹的鲜美可见一斑。

寒露一至,已是深秋。古人说:"秋之燥,宜食麻以润燥。"老苏州经常自制一碗醇香黏稠的芝麻糊,预防秋燥。

苏州民间有谚语:"一年补透透,不如补霜降。"在霜降这个节气,苏州人常吃荸荠以滋补。

立冬里吃咸肉菜饭则是苏州人的老规矩。打过霜的矮脚青、肥瘦兼有的咸肉丁,配上糯滑香甜的新米,半个小时左右,飘香四溢的咸肉菜饭就可以出锅了,再划一块猪油,让它融化在饭里。虽然没有载入苏州的名食谱,但它从来不缺少喜爱它的食客。

藏书羊肉是苏州人在小雪这一时令里进补的不二之选，因其肉香汤鲜、味美可口、营养丰富而深受苏州人的喜爱。

大雪时节正值苏州水八仙之一的茨菰上市，一碗浓油赤酱的茨菰烧肉，成为记忆里老苏州最鲜香的味道。

"冬至大如年"，在这一天，桂花冬酿酒是必不可缺的，桂花的甜香与酒的醇香交融碰撞，轻呷一口，唇齿留香。

"三九四九冰上走"的小寒里，苏州人喜爱一家人围坐，喝上一碗热腾腾的腊八粥，话话家常，满满的人间烟火气。

素喜甜食的苏州人，用一碗甜腻晶莹的八宝饭送走大寒这最后一个节气，满心是立春将至的喜悦。

二十四节气与二十四道美食相遇，苏城用它一贯的柔情氤氲着每一个节气，无论立春抑或是大寒，这座城市都有独特的美食与之对应，像征服每一位挑剔的食客一样，征服每一个节气。二十四节气，苏城携二十四道美食，在等你。

寻味四季：与苏大的春夏秋冬

转眼已是我在苏大的第三个年头了，回顾大学生活，透过时间的缝隙，那些最普通不过的日常却不断浮现在眼前，那是味蕾的记忆，是生活最平凡也最温暖的美好，是一份份小确幸。人间烟火气，最抚凡人心。

正如孔子所言食不厌精，脍不厌细，食在苏大，每一餐一饭都值得细细琢磨。苏大食堂不只以苏帮菜见长，其菜品包罗万象，每一份佳肴，绝不会让你失望。

初逢，是深秋。烤鸭泡饭是我的首选，在入校前就早已听得其名声，并且鸭肉滋补却性凉，最宜秋季食用。还排在队伍里，人就要被阵阵飘香勾去了魂，踮起脚急切地望向前方的队伍尽头。酥皮烤鸭快刀剁好，豆皮、泡菜、花生、青菜依次码上白米饭，浇上提前炖煮的老汤，层次丰富，鲜香扑鼻，这也是许多人毕业离校后依旧留恋的味道。秋季食堂还会献上限定彩蛋——苏大牌中秋月饼，圆圆满满，让你不期然和仪式感撞个满怀。

冬日，寒风吹得人束手束脚，不如来一份羊肉火锅，一口热汤便叫你通体舒畅。所选羊肉为苏州鼎鼎有名的藏书羊肉，锅里加把粉丝，放几朵油豆腐，烫两颗小青菜，热气腾腾里，溢满温暖和幸福。冬天还有一个值得期待的日子——冬至，"冬至大如年"，这是苏州人的大日子。对冬至的期待从学校发"冬至加餐券"便开始了，热闹红火的土豪长桌宴，菜品琳琅的方塔美食荟，总有一款美食让你为之心动。我也曾兴致满满地跑去元大昌沽一瓶子冬酿酒，那是苏州城里最正宗的桂花酿，浅黄色的低度酒上浮着几盏桂花，盈盈可爱。宿舍中好友对坐，举杯小酌，欢声笑语中脸上漾出红气，倒有几分微醺的意思。

春季，万物新生，时鲜极多，最具特色的当属青团。食堂在春日会举办做青团的活动，学生们净手下厨，感受亲手制作的雅趣。我也曾有幸体验，艾草叶打青汁，和进面粉里，揉好的面团呈浅绿色，好不可爱。接着开始包馅，所选为细腻的桂花豆沙，口感绵长甘美，是记忆中老苏州的味道。将面粉小心搓圆成团，轻轻放进蒸箱，静待片刻，取出便是一团晶莹的碧绿，这便是春天的颜色。

夏日，最喜站在逸夫楼的走廊里，看暖风吹拂爬山虎，古朴的建筑泛起绿波，古色古香很是别致。景致虽好，怎奈暑气炎炎，胃口欠缺。在这昏闷沉郁、口舌生燥的时节，请一定去食堂看看，一抹清凉的惊喜在悄然等待。配合时令变化，食堂的自选菜早已换了新颜。东区的糖拌番茄最令我垂涎，番茄洗净切片，撒上砂糖，佐以蜂蜜淋汁其上。做法简单无华，但胜在清新爽口，酸甜适宜，令人口齿生津，暑意顿消，胃口大开。

细心周到，不时不食，这就是苏大食堂的态度。

四季食苏，心满意足。

一食堂炒饭公会

我是一个从未远离过家乡的人,要不是高中语文老师的一句话,可能就会错过与苏州大学的缘分。我的高中语文老师是一个很豪爽的人,有一次,他提到自己毕业于苏州大学,笑着说苏州很美,苏大很不错!你们在座的哪一位要是考上苏大,我们就是校友!

大一的军训是大学四年中最为艰苦难忘的经历。记得那次我们宿舍的人在一食堂吃饭,刚到饭点,人潮拥挤。好不容易一阵人潮退去,但许多菜品都销售一空,只剩下炒饭窗口了。炒饭大叔特别的热情,看到我们因太阳晒红的脸和狂流不止的汗水,为我们宿舍每个人都免费加了个荷包蛋,并且饭量也都比平时厚实许多。热腾腾的炒饭端上来,颗粒酥香,香气扑鼻。一碗吃下去,横扫饥饿,活力无限,为下午的军训提供了满满的能量。

经过了军训的磨炼,我们宿舍几个哥们的友谊也日益深厚,每日一起吃饭上课,形影不离。每次吃饭我总是冲到最前面,负责找座位和拿筷子。在吃饭时,我们总是习惯边吃边讨论学习、生活。为了方便线上联系,我们建立了一个宿舍群,名叫"一食堂炒饭公会",叫这个名字是因为建群的当天我们四人都正在吃炒饭。而这个名字,就跟一食堂的炒饭一样,一直陪伴着我们度过了四年美好的大学生活。

工作后一次偶然的机会,我们公司去苏大校招。我自告奋勇地要参加这次招聘。由于白天的忙碌,我没顾上吃饭,到达独墅湖东门时已经晚上七点多,走进食堂,时隔多年,又见到了那位炒饭大叔。炒饭大叔还是一如既往热情地吆喝道:"帅哥,吃什么?"我点了一份炒饭,炒饭的味道还是如记忆中一般那么经典。

2019年,在参与人数高达290万的激烈考研角逐中,我终于如愿考上苏大的MBA专业。每到周末我又可以回到这熟悉的校园。

又是在一食堂熟悉的窗口,但是炒饭大叔已经换成了年轻的炒饭阿姨,炒饭阿姨也非常热情地招呼排队的同学们。漫长的排队等待终于轮到我了,炒饭阿姨似乎愣住了,但还是热情地问道:"帅哥,吃点什么?你是我们学校的吗,不是我们学校的问旁边同学代刷一下。"

瞬间,我激动又自豪地说:"是的,我就是苏州大学的,我一直都是苏大人!"

"滴——付款成功!"

苏大月饼伴你度秋光

八月即望,桂子初绽,给农历月夕提前抹了一层霜糖。为了庆祝中秋的到来,学校特地为师生精心准备了苏大月饼,让绵长情思悄悄融进每一口温热之中。

人头攒动的食堂内,幸福感在人群中弥漫,节日的来临,仿佛像一块小石子,激起平静湖面的涟漪。菜肴的芬芳夹杂着月饼的甜香,填满了偌大空间里的每一个角落。手指灵巧地飞舞,雪白面团被揉捏成不同的模样,把爱与温暖一并包裹进面团,用鲜红的印章将勤劳的硕果悉心封存,新鲜出炉的成品在面前铺陈开,若在苏大本部"情人坡"邀月共品,想必会成为画中那诗意的人。

除了苏式肉月饼,蛋黄、莲蓉、栗蓉、五仁豆沙馅的广式月饼也别有风味。"苏大"牌五款月饼,样样吃出"苏大蜜",总有一款让你心中甜蜜无限,难以忘却。

当我们从和蔼的工作人员手中接过这一份热气腾腾的心意时,一天的辛苦和疲劳,都在此刻的温暖中悉数融化。

从冬至周全贴心的加餐券,到中秋手工制作的新鲜月饼,陪伴着师生走过无数节日的苏大,始终洋溢着家一般

的温情与甜蜜。仿佛让归途的孩子遇到了月明,家好像就近在眼前。

不仅校园里的"大朋友"们读到了苏大月饼里的"呢喃细语",苏大幼儿园里的小朋友们也品味到了苏大月饼的香甜幽醇,他们灿烂的笑脸,像月饼一样甜甜的。

在这个象征着团圆的日子里,即使身处异地他乡,来自山川湖海的我们,也会留恋于平凡的昼夜、有烟火味的厨房与家人的爱。相信这份来自苏大的祝福,定能够带给你心灵上的慰藉,让你的思念有地可栖。不论今天的月饼是什么馅的,希望都能给你带来一点家的味道。

校园美食节：冬至阳生春味来

细缕烟火，人间食事。

一道心仪美食，色泽鲜亮、香气袭人、味道极美。是苏东坡遇见的"蒌蒿满地芦芽短，正是河豚欲上时"，是范仲淹沉淀在心里的"江上往来人，但爱鲈鱼美"，抑或是曹雪芹浸润在书中的"螯封嫩玉双双满，亮凸红脂块块香"……

苏大校园美食节之冬至美食展，便满足了我对美食的无尽想象。

初入餐厅，便觉琳琅满目。我极欲用双眼望尽盘盘美味。珍馐佳肴，数不胜数。冷拼热炒，香飘十里，让人垂涎欲滴。在每一道美食之前，师生们往往会踌躇良久，既想要把它收进肚腩，又生怕还会有更诱人的美食在前方。这里，既有热腾营养的阳澄湖大闸蟹,又有色美甘甜的冰糖葫芦,还有味香鲜嫩的烤全羊,让人愈发想雀跃一呼"此食只应天上有"。

果真是一场满足味蕾的盛宴。

品完美食,管弦乐的和鸣倏然在你耳畔响起,一抬头,舞台上的同学已拿好萨克斯、铜管,在场所有人都徜徉在美好的音乐王国之中。管弦和鸣,鼓声阵阵,心跟着节奏律动。此时,此地,唯有美食、佳乐,原有的困扰,原有的彷徨,烟消云散。

这是一场精彩绝伦的宴会。

移步向前,一排精美的造型菜展现在我的面前。军歌餐厅的大厨们,双眼紧盯着手上的时蔬,身体微屈,手上的刀在各类蔬菜上勾勒出线条,灵活的手指在食物上翩跹,创造了一个个喜人的雕刻,从"吉祥如意"、"南极仙翁"到"鸟语花香",独特的手艺令人称赞叫绝。再次移步,儿时母亲常提到的糖画竟在此出现。做糖画的老爷爷弯着腰,手上握着勺子,手腕轻轻抖动,便是扑面而来的香甜美好。

这更是一场文化传承的展演。

美食节,满足了每一位师生的味蕾和听觉,让所有人都绽放出了笑颜。学校的领导和老师来到同学们身边,与大家畅谈,互相送去温馨的祝福。暖暖的话语,化为冬日的暖流,浸润着每个人的内心。

美食节,你在,便是冬至阳生春味来。

"新阳后,便占新岁,吉云清穆。"休把喜笑锁于内,但逢节序添新味。

"苏大"牌泡面暖心暖胃

简介：
苏大牌泡面一直以来秉承着"养天地正气，法古今完人"的校训，以脚踏实地的干劲不断地创新发展，结合学校文化建设，搭配新鲜丰富的食材和配料，让许多苏大人品味到独特、温暖、友爱的味道。

分类：
治愈系食品

配料：
在基础配方中添加了真诚、微笑、关怀等必需品

净含量：
管饱

生产地：
苏州大学天赐庄校区

产品保质期：
一辈子

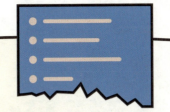

泡面的故事

  2018年10月9日，我参加苏大护理学院研究生复试的那天，就在面试还在进行的时候，院长李惠玲老师听说我没吃早饭，立马贴心地为我烧水煮了一碗酸菜牛肉泡面，还给我找来各种填饱肚子的零食。那碗面不仅填饱了肚子，还温暖了我的心田。我强烈推荐这款限量版的泡面！

  那碗泡面是苏大给我的第一份味道，它的温度刚刚好，左心房暖暖的；它的韧劲刚刚好，每一口都很满足；它没有防腐剂，却持久保鲜；这碗面也成为我在苏大学习和生活上的动力，每当我迷茫并且感到疲惫的时候，只要想起它，我都有种满足的幸福感，支撑着我继续前行。

  在苏大学习的时候，我也深深地感受到了护理学院的人文关怀，感受到了由内而外的温暖。谢谢苏大，谢谢李老师，让我尝到了那份属于苏大的温暖味道。我很开心在这个环境中不断地成长，也希望你们同我一样，当饿了的时候，能够被不能忘怀的"味道"鼓励着，不断前行。

  "苏大牌"泡面，味道真的很不错。

本文作者吴玉霞，苏州大学2019级硕士研究生。

这份美味,很有"分量"

 苏大,既能留住你的心,也能抓住你的胃。一食堂的麻辣香锅、二食堂的多样点心、三食堂的网红烤鸭泡饭,除此之外,还有汤汁鲜美的小笼包、备受学生喜爱的铁板炒饭、口味独特的老鸭粉丝汤……营养健康的美食、热情亲切的服务,让苏大的食堂成为历届学生多年难忘的美味。怪不得毕业典礼上的大数据显示我们人均增长0.9公斤!网红校长熊思东更是玩笑道,我们是历届学生中最有"分量"的一届。走出校园,我似乎至今还未发现有比母校更有味更实惠的食堂。舌尖美食,在嘴中留下的是味道,在心中留下的是想念。

幸福的味道可兼得

星座书上说，金牛座的人喜欢吃。不知大家是否如此，然而作为金牛座的我深谙此道。都说鱼与熊掌，不可兼得。独墅湖二期食堂的鱼香肉丝与酸辣土豆丝始终让我无法抉择，每每纠结。备选答案A与B，我都想选，看起来有点贪心，但转念一想，为什么幸福的味道不可兼得？

因为实在是好吃，点餐窗口前总会排起长龙。后来我只好错开吃饭的高峰期，只是这样，那家免费提供的特色泡菜就会见底。要知道，鱼香肉丝加酸辣土豆丝盖浇饭，其中一份不要饭，配上特色的酸辣泡菜，真是一绝！如果缺了其中哪样，便不是如此完美了。

慢慢地，许是因为一个小姑娘每次都点两份饭的缘故，再加上我吃饭的次数多了，和八食堂那家窗口的阿姨也熟络起来。阿姨看到我来，远远就会冲着我笑。或是阿姨每每望见我对见底的泡菜盆流露出悲伤的神色，后来我错开高峰再去的时候，阿姨老远就会喊："泡菜我给你留了些，够吗？没事，别不好意思，喜欢就多拿些。"总让我还没来得及说声谢谢，脸颊倒不好意思地先红了起来。端着热乎乎香喷喷的美味，心里无不默念：咱苏大的大师傅厨艺可真棒，还有阿姨，真好，又暖。

第六章 影视歌如画

有人说，电影是一门造梦的艺术。在这场人造的梦境里，平日里达不成的愿望都可以美梦成真。

苏大，就是这样一处梦想成真之地。

红砖叠砌，古朴恢弘；钟楼暮鼓，清丽婉转；晴岚微漾，如歌如诉；方塔巍峨，文脉相传。中西合璧、烂漫秀美的校园吸引众多剧组前来打卡，苏大在数十部影视作品中留下倩影。

如此美景又激发起多少苏大人的才情，捉笔挥毫，锦绣文章。

在这里，让我们赏一折青春版《牡丹亭》，品非遗雅乐。

在这里，让我们歌一曲苏大版《南山南》，忆似水流年。

在这里，让我们唱一段《思江汉》，叹岁月如歌。

在苏大，吾唯愿沉醉其中，不知归途……

影视剧里的苏大,你见过吗

你见过哪些样子的苏大呢?明信片上有苏大,幽静典雅的校园环境,搭配上异域风情的民国时期建筑,写上地址邮给最好的小伙伴,谁收到都想立马来苏大看看;取景框里有苏大,每逢开放日,校园里都是"长枪短炮"的相机,即便是用手机随便"咔嚓"一下分享出来的"苏大时景"都能获得点赞一片……对了!还有影视剧里也有苏大!

凭借颜值"出圈"的苏大,这些年来时常在大荧幕上"亮相",她时而沉着梳妆,给梦中情愫题一笔动人的诗句;时而戎装上阵,为时代巨变献一捧旺盛的火种;她时而是年轻而欢腾的,时而又是古雅而温和的,她的一砖一瓦、一草一木,总能为镜头中的画面增添亮色。

镜头里有最浪漫的青春。一说校园青春故事,你是不是脑海中立马浮现男孩骑车带着女孩穿越绿树掩映的青葱校园的场景呢?《我们无处安放的青春》里,化身"江城大学"的苏大校园里,男女主人公一起骑车的场景成了不少观众心中的经典画面,而他们经过的,正是苏大的钟楼和精正楼。摇身一变成为"华东大学"后,《青春的牙》把苏大人生活日常里的打印店、公告栏、图书馆等都放进了北京电影学院师生集体创作的青春电影。《月影风荷》剧中的主角方健辉和文越在苏大本部的林荫路上漫步,深情对视,想想都甜蜜得过分。

镜头里有最热血的奋斗。洋气的苏大校园,接个"洋角色"都不在话下,可不,《我们的法兰西岁月》中,她变身为周恩来、邓小平、赵世炎、蔡和森等革命伟人奋斗过的法国"里昂大学",学生们进入"里昂大学"集体请愿的场景,就发生在精正楼前。剧末,中国共产党旅欧支部成立时的会堂就是学校钟楼内的小礼堂。在《走向共和》中"扮演"美国总统接见清政府来使载泽的地方就是钟楼及大草坪，西式风格的钟楼及开阔平整的草坪为剧情营造了真实的气氛。再仔细想想，《鲁迅》故事片里鲁迅为北师大学生演讲时的取景地也是我们的钟楼前的草坪呢！是不是充满了激情昂扬的画面感！

镜头里有最跌宕的情节。 想看剧情片倾情出演，没问题！烘托紧张刺激的氛围"大苏"也是一把好手，《一号目标》中，苏州大学化身为"金陵大学"，周恩来等人乘坐小轿车穿过东吴老校门，在校园里与敌人斗智斗勇。取材于美国某大学的"卢刚事件"的《派克式左轮》，第一集就出现了苏大著名的建筑物钟楼，王健法学院大楼亦有在剧中出现，紧张的剧情下，这些熟悉的场景是不是让你日后在苏大行走的时候也很有带入感呢？

有苏大"实力参演"的好剧未来还会不断上演，怎么样，搬好小板凳，拿好爆米花，一起寻找屏幕上的最美苏大，你准备好了吗？

陈道明到苏大找濮存昕是怎么回事

苏大天赐庄校区那亦古亦今、中西合璧的风度,不仅让万千学子倾倒,以至于不远万里投奔而来一亲芳泽,更是吸引了无数影视剧组驻校取景。这里的花草树木、亭台楼阁都是见过大世面、上过大荧屏的。

2006年是中国电影诞生100周年,为了献礼这个重要的时刻,上海电影电视集团公司准备在2005年开机筹拍《鲁迅》,北京人艺演员濮存昕出演一代文豪鲁迅。苏州大学天赐庄校区因为和鲁迅先生教学的北师大风格颇为一致,便再次进入剧组的视野,我也因为工作之便得以接待剧组,与濮存昕有了好几天的接触。

濮存昕的文人气质跟鲁迅先生颇为相符,经过化妆以后,清瘦的面容、短而硬的板寸头、微微翘起的胡子、深灰的长衫,俨然是鲁迅先生再版。他站在上百个学生中从容演讲,学生们顿时激情四溢起来。这些穿着民国服饰的学生们是真的激动,他们原本是普普通通的苏大学生,能够见证大明星出演心中文化偶像鲁迅先生,甚至还能参演,这种激动和兴奋着实是发自内心的。濮存昕的修养在北京人艺是出了名的,因而人缘极好,这次来苏大拍摄,对师生的合影留念也是有求必应,真是菩萨心肠。

然而,苏大师生们的幸运还不止这些。拍摄的第三天,钟楼南草坪东面的路上,一个潇洒的身影吸引了师生们的目光,一袭白色风衣,身材高挑挺拔,即使是戴着墨镜、鸭舌帽,仍然挡不住逼人的艺术家气质。原来是在常熟拍摄《沙家浜》的陈道明来探班好友濮存昕。两个北京人就这样在苏州大学拥抱在了一起,旁边的小姑娘们激动地大喊大叫,更有追着找陈道明签名合影的,陈道明一一婉拒。我倒也不觉得奇怪,这就是我心目中的那个陈道明,淡然、自尊、不迎合,没错。

　　拍摄结束那天,几位接待人员和剧组因为相处融洽,倒也有点不舍。大家一一和濮存昕合影留念,我也小心翼翼地挤了上去,飞快地抢了一张,不巧的是闪光灯没亮,大约是前面多人连拍了多张,闪光灯来不及充电的缘故。看着累了一天的大明星,我也不便提要求再拍一张,于是有点失落地看着其他人一一上去依次合影。所有人的心愿终于得到了满足,我们也准备送剧组回去了,这时候,濮存昕叫住了我,说:"小姑娘,刚才跟你合影时,闪光灯没亮,我们再补拍一张吧!"

　　真是又惊喜又感动,终于明白濮存昕的好人缘是怎么来的了!

到存菊堂，
与昆曲来一场邂逅

存菊堂之于苏大人，绝对是个有"戏"的地方。这座位于天赐庄校区，可以容纳千人的礼堂，承载了太多人的记忆。

刻在记忆深处的，是十多年前在存菊堂发生的那一场在苏大、苏州乃至全国文化界都能载入史册的盛事。

2004年，我还在文学院读研，听说台湾著名作家、"昆曲义工"白先勇要将昆曲青春版《牡丹亭》的大陆首场演出放在苏大，同学们都很激动，就连演出的宣传海报也成为争相收藏的宝贝。尽管此前在选修课上我也跟着老师到苏州昆剧院欣赏过昆曲，但欣赏整本戏还是头一遭。文学院的学生成了"幸运儿"，能拿到连续三天的戏票，算得上是最高福利。

记得已是六月梅雨时节，存菊堂朴素的剧场里没有中央空调，只有头顶上悠悠转动的十几架吊扇和两旁的几台柜机空调。礼堂里一下子涌入了1200多人，听说有不少是从上海、南京、杭州闻风而来的，不仅所有座位满员，连走廊里都站满了观众，很多人更是选择了在前排走廊席地而坐。看戏是需要有点氛围的，观众们对演出的热情远高过了礼堂里的闷热。

不进苏州园林，不听昆曲，怎知江南之美？舞台上，杜丽娘眉目传情、深情款款，柳梦梅书生风流、潇洒倜傥，缠绵柔情的水磨腔，混合在优美的江南丝竹乐声中，余音绕梁，妙不可言。

上本九折戏在绵延三小时的笛声、锣声、箫声中终了，存菊堂内掌声雷动，观众统统站了起来，庆祝演出的成功。昆曲名家汪世瑜和张继青携手登台，白先勇着一袭改良的酱绿色中式绸衫最后走出，杜丽娘、柳梦梅、春香、判官、石道姑和众花神簇拥着他们，连续谢幕三次，观众依然欲罢不能。连续追戏三日，场场都是如此，累计共有7500多人次到存菊堂观看。

后来，昆曲青春版《牡丹亭》从存菊堂走向全国高校、走上世界巡演舞台，在全球共演出了320余场，掀起了一场昆曲风暴。

将首演放在苏州大学，白先勇自有用心。作为昆曲的发源地苏州，在有着悠久昆曲教学传统的苏大，这里无疑能觅得更多知音。曲学大师吴梅执教于苏大前身东吴大学时，曾"指点宫商，携笛公然上课堂"，开昆曲作为一门学问并引入高等教育之始。1989年，为振兴昆曲艺术，培养昆曲人才，苏州大学中文系与昆剧传习所,合作开创性地创办了学制四年的汉语言文学专业昆剧艺术本科班,这也是中国昆曲史上首个本科班。校园里爱好昆曲的师生组成东吴曲社,苏大面向普通学生一直开设素质教育昆曲选修课,如今更是有了国家级精品视频公开课"昆曲艺术"。昆曲教育在苏大这片沃土里不断升华、发展,吸引着一批又一批来自海内外的青年学子。

如今,存菊堂依然是校园里无数经典聚会的场所。这里常有大戏上演,戏曲走近大学生、高雅艺术进校园等活动让这座封存着诸多美好回忆的礼堂一直散发着青春的活力,也是苏大校园最文艺的所在。

若来苏大,就到存菊堂与昆曲来一场邂逅吧!

缘是江南遗梦

苏大校园有如苏州园林般秀美，苏大气质亦长久浸染了苏州韵味。课堂内外，从苏大走向苏州，当我试着走一步，再走一步，始觉流年中太多惊鸿一瞥，拈飞花，携蛾眉，和曲觞，它的美如潺潺流水，是流动的、活泼的，绝不凝滞，于今日风采依然。中有一条小溪，昆曲，令我倾心沉醉。

戏曲有很强的地域性，我从小生活在西北，对戏曲的了解仅限于秦腔，只觉其慷慨悲壮，谈不上喜欢。来苏大读书后，在同学的影响下对昆曲有了一点了解，听唱段，悠长宛转，于是大二选了"昆曲艺术"这门网络通识选修课，想借此机会探索一番。第一次线下授课，主讲老师是昆曲研究专家周秦教授，他算得上元老级的人物，是我老师的老师。他教我们唱昆曲《水调歌头》，从一句一句跟唱开始，我发现昆曲的咬字和流行歌曲很是不同，譬如"j、q、x"的发音近似于普通话的"z、c、s"，有些多音节的字发音不能一泄而尽，而是要含着，拆分成多个音节，如"颊"中的"ui"需单独发音且要延长。随后老师用昆笛吹奏，那是我第一次听昆笛演奏，清新发越，如莺啼婉转于花丛中，风拂过脸颊，

吹来一丝凉意。和着笛声，我们低声吟唱，跌宕回旋，字音拖，节奏缓，感伤含而不露，又始终是一种清丽格调。

苏州每年九月都会举办一年一度的虎丘曲会，苏大都会组织学生参与其中，我也有幸因"昆曲艺术"与曲会结缘，与同学们一起献上这首《水调歌头》。比起教室中倚声和歌，乍见时欢喜又陶醉，当我站在舞台上，在那一刻，我更想把这份私人的欣悦与感动传递给听众，大家配合默契，虽未及"声声燕语明如剪，呖呖莺声溜的圆"，在起伏延宕处，有伤情，有对良辰美景的渴慕，亦有花好月圆的祝福。歌声回荡在虎丘中，今昔原是一般心思，纵穿千古情犹未老。一首《水调歌头》，由昆曲做媒，情致愈发摇曳生姿，贴紧学子与戏友的心。

苏大的启蒙使我初识了昆曲的音律与声情之美，我开始走进剧院欣赏昆剧表演。戏台布置极简，通常只有一桌二椅，亦真亦幻，意境营构于留白之外。急管繁弦演一出才子佳人戏，唱词雅而不靡，念白俗而不野，余味无穷。

悠悠百廿，痴心于昆曲者众，沿着校友的芳径，我在寻这江南遗梦，撑一支长篙，向昆曲阑珊处漫溯；满载一船星辉，在光风霁月中洒落。

苏大版《南山南》以古风之美爆红网络

2016年,苏州大学团委发布了苏大版《南山南》,上线短短一天就引发疯狂"刷屏",赢得超10万点击,叫好又叫座。温柔的歌声中,充满苏大人的故事,满满的都是青春的回忆。

苏大版《南山南》

填词：陈落轩

演唱/和声/后期：潜虾

你在方塔的晨辉下，惜取光阴
我在钟楼的草坪上，籍书枕经
如果挥别之前来得及
知交对坐共抒生平
晴岚凌云，故事分外动听
他爱去大莲花底座的咖啡厅
淘本旧册，俯读仰思悲喜
他也心仪可园清旷的廊庭
并笑称其乃"人间天堂的缩影"
他说秋道上入目橙黄的银杏
不及假墙抽枝的绯樱
又一年默契同赴好光景
你于不经意馈赠的片语
让他的追寻更有意义

负群山，涵浩海，笃行
他想为你补上初见的问候
来自从未蒙尘的赤子之心
而时光吝啬让人不容小觑
1900，溜走几代曾经

你在方塔的晨辉下，扑花嬉戏
我在钟楼的草坪上，假寐拥曦
如果挥别之前来得及
用瓷碗盛二寸黄鱼
此身安处，岁月温柔轻呢
如果落幕之前来得及
知交对坐共抒生平
相期努力，荣光不难再续
相期努力，荣光由你来续
东吴桥，东吴门
东吴遗风存
养正气，法完人
彻天地古今

苏大版《南山南》

校友热评

汪鑫：毕业两年，经常去母校，仿佛不曾离去，今天下雨，夜晚听到这首歌，母校的一草一木浮现眼前，白云苍狗，你一直都在，东吴桥，东吴门，东吴遗风存！

琉璃苣：好美的声音，苏大曾经的母校，看过本部的银杏落叶，看过独墅湖的樱花，走过东校区，来过北校区。愿以后有机会再回母校。愿苏大越来越壮大。

Mr.Sunny：方塔，钟楼，凌云楼，养正气，法完人，东吴遗风存。每个字眼都那么熟悉，勾起一段段回忆，当年巧合入苏大，再给我一次机会，我会毫不犹豫选苏大。涤心灵之地。愿母校越来越好。

MR.Q：没有诸如"诚实笃信"之类或高大上或拗口的校训，一句"养天地正气，法古今完人"，道不尽她所历经的沧桑，看不透她浓厚的底蕴。她就静静地在那里，朴实无华，无声无息，母校苏大就是这么迷人，毕业后常常无意间想起，那段时光总还会温暖我心，那种温暖只有苏大人能够体会。

瓦力西：毕业十八年，苏大留给我的，除了美好的回忆，还有现在身边曾在苏大校园里谈了四年恋爱的老婆！岁月把一切沉淀！为有那一段时光欣慰，感怀，满足！歌很好，词很棒！我们有共同共通的记忆！

赵成龙：词写得很赞，妹子温柔的嗓音与这座城市相得益彰，或许打动我们这些已与母校离别的人儿们的，不仅仅是词或者旋律，而是一去不复返的回忆。不管四年里有过多少难走的时刻，能回忆起来的永远是那些快乐的时光。

创作心得

爱看点诗词歌赋、稗官野史的人,大多会对江南水乡有着点皈依情结。念兹在兹,初中毕业时,到姑苏城一游,再不是"得见画屏中"。月落乌啼,琐窗朱户,吴侬软语,枕河人家,滴滴点点令我心跟跟跄跄。

很多人问过我为什么会选苏大,或许最初就是因为一座城。现今作为毕业生,每每知晓这座城的讯息,都会慨叹万分。就像黄梅戏里,梁山伯对祝英台说,我从此不敢看观音。我亦是,从此不敢问姑苏。

欲访姑苏求学问,往来奔赴数千里,生活推着我们向前走。带着些初来乍到的畏惧,渐渐习惯在陌生城市里的大学生活。既来之,则安之。有所为,有所止。

岁晚天寒,掀起一阵《南山南》高校填翻风。正是夜读时节,小雪缀枝,走出自习室,我头脑一热,便想着不如加入进来,心态类似于"别人有的,我家孩子也得有"。当时我只是一个大一新生,默默回忆起半年来所见所闻:初日新升,映照方塔,稚子年幼,排队入园;草坪温润,钟楼厚重,昔年陪伴,已成佳话;网球场边,银杏流光,少男媛女,嬉笑逗趣;来年仲春,风拂绯樱,浅碧淡粉,落红有情。楼有凌云,路有晴岚,馆有莲花,训有"养天地正气,法古今完人",还有……还有随处可见的猫崽狸奴。场景不断闪现,趁此兴未歇,我急不可待地写下初稿,而后修改,定稿,约合作。

非丝非竹而自恬适,非烟非茗而自清芬。是幸运,是感激。词中有真意,在此就不赘述了。

本文作者陈彦君(笔名陈落轩),苏州大学2015级校友,苏大版《南山南》词作者。

共创一曲《思江汉》,为武汉加油

2020年庚子新春,一场突如其来的新冠肺炎疫情袭击武汉,影响全国。2月8日苏州大学文学院团委发起了"心系前线,共同抗'疫'"宣传作品征集活动,收到二十余份诗词作品。学院团委将优秀的诗词作品制作成海报发布。

《姑苏晚报》78岁读者王光圻先生在看到文学院2019级研究生杨由之同学的作品《思江汉》后深受感动,亲自为该作品谱曲。"诗以言志,歌以咏怀",备受鼓舞的文学院学生也行动起来,2016级本科生周子敬同学完成了编曲及演唱。

该歌曲发表于QQ音乐、酷狗音乐等主流平台,并通过苏州大学官方微博、苏州大学微信公众平台等进行广泛宣传,在推送文章的留言区,许多武汉市民纷纷表达了歌曲带给他们的感动与振奋之情。此后,该歌曲及MV还得到了"学习强国"的转载推荐。

原创歌曲《思江汉》不仅表达了苏大师生对武汉人民的深切关怀,而且有力地彰显了苏大学子的青年担当与人文素养,成为体现苏大学子精神风采与人文培养特色的一扇窗口。

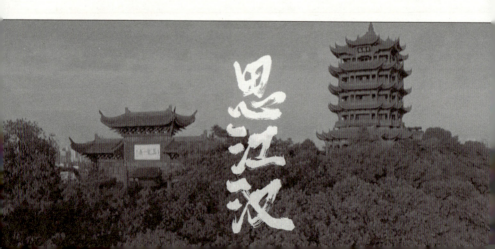

思江汉

作词：杨由之
作曲：王光圻
演唱：周子敬
念白：吕佳
编曲：周子敬
制作人：周子敬

思江汉兮茫茫
叹黄鹤兮彷徨
岂患山川兮悬隔
与子同根兮同裳
祈祝融兮灵降
俾跂踵兮震惶
待纷郁郁兮
樱盛　樱盛
愿君　愿君
陶陶兮乐康

《思江汉》MV

（念白）
"思江汉兮茫茫，
叹黄鹤兮彷徨。
岂患山川兮悬隔，
与子同根兮同裳。"

思江汉兮茫茫
叹黄鹤兮彷徨
岂患山川兮悬隔
与子同根兮同裳
祈祝融兮灵降
俾跂踵兮震惶
待纷郁郁兮
樱盛　樱盛
愿君　愿君
陶陶兮乐康

思江汉兮茫茫
叹黄鹤兮彷徨
岂患山川兮悬隔
与子同根兮同裳
岂患山川兮悬隔
与子同根兮同裳
岂患山川兮悬隔
与子同根兮同裳

东吴大学校歌

葑溪之西, 胥江之东, 广厦万间崇。
凭栏四望, 虎瞵金鸡, 一例眼球笼。
东吴东吴, 人中鸾凤, 世界同推重。
山负海涵, 春华秋实, 声教暨寰中。

皇皇母校, 共被光荣, 羡我羽毛丰。
同门兄弟, 暮云春树, 记取古东吴。
东吴东吴, 人中鸾凤, 世界同推重。
山负海涵, 春华秋实, 声教暨寰中。

天涯昆弟, 一旦相逢, 话旧故乡同。
相期努力, 敬教劝学, 分校遍西东。
东吴东吴, 人中鸾凤, 世界同推重。
山负海涵, 春华秋实, 声教暨寰中。

《东吴大学校歌》

第七章 东吴出名士

他们是百年文坛上熠熠生辉的星星,
他们是巴黎和会上力争山东的外交官,
他们是新中国最美的奋斗者,
他们是雨花台上留得芬芳在人间的烈士,
他们是侠骨射大雕柔情倚碧鸳的大师兄,
他们是奇思摹古意妙手裁新裳的设计师,
他们是奥运体坛上世界瞩目的金牌获得者,
他们是与你同程一直在线的奔跑者……
他们都有同一个名字:东吴名士!
他们的人生因东吴而丰盈,
他们的名字让东吴更厚重!

东吴大学女子篮球队(前排左一为杨季康)

"洋囡囡"杨绛

1928年杨季康(杨绛本名)从振华女校毕业,进入东吴大学文理学院主修政治科,那年她17岁。从振华女校到东吴大学,其实相隔不远,而且因为东吴大学杨永清校长与振华女校王季玉校长商定振华女校毕业生经校长推荐是可以免试入学的,杨季康来到东吴校园毫无违和感。

当时的东吴大学刚开始正式招收女生,进入校园的杨季康属于"国宝级"的人物,加上本身性格比较活跃,所以在校园颇受欢迎。所以,那个个子娇小的留着童花头的杨季康才会是女子篮球队、女子排球队的一员;才会是1929年第二届体育大会女子叠罗汉表演的一员;才会以圆圆的脸头像与一群洋娃娃放在一起,被称为"WE ARE 洋囡囡 S",成为运动队的福星。

她爱读书,很小的时候,父亲问她:"三天不让你看书,你会怎样?"她说:"不好过。"父亲又问:"一个星期不让你看呢?"她回答:"一个星期白活了。"她知道,只有书才是最爱。

她才华横溢,在1930年的《东吴年刊》上,以"含真"为笔名发表了《倒影》,也不难想到她在1981年出版短篇小说集《倒影集》时书名的含义了。她在年级学生执行委员会中担任英文书记。如此才华,迎来了男生大哥哥的竞相关注,才有了传说的追求者有"孔门七十二弟子"之多。

1929年,她大二的时候,三姑母杨荫榆来到东吴大学任教,担任日文和教育学老师。这位中国近代史上第一位女大学校长,因为"三一八"惨案,在鲁迅先生的《纪念刘和珍君》中遭痛骂,并去职。1938年,杨荫榆因为目睹侵华日军在苏州的种种暴行,数次站出来怒斥日军,被日军残酷杀害。杨绛在《回忆我的姑母》中评论这位三姑母说:"提及而骂她的人还不少,记得而知道她的人已不多。"这位早年婚姻不幸,后全身心投入女子教育事业的三姑母来东吴任教,并没有给杨季康带来便利,反而因为三姑母刻板、古怪、顽固的性格带来不少麻烦,所以杨季康说"我并不喜欢她",不过"终究是自己亲人"。

1932年,因为学潮,东吴大学停课,杨绛到北京进入清华,在那里,她遇到了钱锺书,两人一见钟情,后步入婚姻殿堂。

姑苏才俊聚,东吴桃李开。在这个最江南之地的姑苏,杨绛在独具气质的东吴大学学习、成长,江南学府的雅韵和"洋囡囡"的灵动是不是混搭得意外和谐呢?

顾维钧初学记

1951年,曾在上海中西书院任教的东吴大学校长文乃史(W.B.Nance)在美国招待了他的学生——被誉为"民国第一外交家"的顾维钧,已是烈士暮年的文乃史无限眷恋在中国的日子。他们共同回忆了"中西书院的师生在一起的岁月",畅聊了在中西书院、东吴大学的历史过往。这使顾维钧无限感慨,正是中西书院的求学经历给他打开了认识世界的大门。

1891年,出生在上海嘉定的顾维钧被他的父亲送进了家附近的一家私塾进行启蒙教育,那一年他才三岁。这家私塾寓教于乐的塾师教育方式让年少的顾维钧感到很有兴趣。

在随塾师读了七年多时间后,父亲决定让顾维钧进入另一家塾馆,学习儒家经典和写作八股文,以便参加科举考试,获取功名。顾维钧并不情愿,甚至和父亲发生了激烈的争论。几经反抗,甚至"逃跑",最终还是母亲了解自己的孩子,认为不应该强迫他"干某一件事情",或者到一个他"坚决不愿去的地方念书",他的全新学习生涯才算正式开始。

他的姐夫建议和他一起到新式教会学校学习。顾维钧便进入了中西书院。这所学校由美国传教士林乐知在上海昆山路20号创办,目的是培养学贯中西的通才。上海中西书院在1911年迁至苏州并入东吴大学。

中西书院的教学方式颇有特点。在英文课上,为激励学生的学习热情,曾留学美国的教师,在讲台两侧各摆放着两条长凳,供选拔出来的12名拼字优秀学生入座,其他学生则仍坐在原有的座位上。坐在长凳上的学生先按年龄依次就座,教师宣布要全班学生拼读的单词,先让那些不坐长凳的学生拼读。如果他们之中没人能正确拼读出来,就让坐长凳中的最年轻的男生来拼读,如果他拼错了,就由下一位同学拼读,以此类推,直到拼读正确为止。拼读正确的学生,位置会向中间移动。新式教育培养了一大批人才,当时中国海关、邮政、铁路及实业界很多人出自该校。

顾维钧很快就适应了书院新的教育方式,并因其在课堂上的出色表现很快就稳稳地坐在了长凳中最靠近讲台的位置。但在1899年的期末考试中,一心想获得全校350多名学生中第一名的顾维钧因求胜心切,在数学考试中忘了加上最后两个数字,结果只获得了全校第八名。事有不巧,1900年暑假开始,顾维钧患上了在当时极易罹患却颇为难治的疟疾,一直拖了四个多月,在天气转凉后才彻底好转。由于落下了太多的课程,顾维钧没法再去中西书院上学了。就这样,顾维钧匆匆结束了在中西书院的求学生涯。四年后,进入美国哥伦比亚大学学习国际法及外交。

1912年获博士学位后回国,他从此走上了风云变幻的国际外交舞台。被誉为民国第一外交家的他,人生堪称一场盛宴,中西书院也成为他传奇生涯的坚实起点。

"新中国最美奋斗者"马寅初

1926年12月30日,朔风拂面却不叫人觉得寒冷,笑尽情、歌尽欢,东吴大学校园中每个人都欢欣雀跃,期待着为期三天的东吴大学25周年庆典。这不仅仅是一场简单的庆典,学校还安排了各式丰富的活动,请回了马寅初、黄仁霖等东吴大学杰出毕业生,为师生带来一系列高端学术讲座。

1926年的最后一天,东吴学子们顾不上辞旧迎新,全都挨挨挤挤凑到了礼堂里,有来晚了的挤不进门,只能在门口踮脚张望。礼堂中马寅初正带来一场有关经济学的精彩演讲,他口才很好,深入浅出地将深奥的经济学说得绘声绘色,台下不时爆发出一阵阵热烈的掌声。

一个下午的时间转瞬即逝,大家都有些意犹未尽。有些对经济学领域不甚熟悉的同学还纷纷打听起了这位看起来很有来头的学长。马寅初曾考取北洋政府官费留学美国的名额,在耶鲁大学学习经济学专业三年,以经济学为正科、以法律社会学为副科获学士学位,再入哥伦比亚大学研究院三年获博士学位,再转纽约大学专攻会计两年。1915年12月回国在北京大学任教,同时在一些银行任顾问。由于丰富的求学经历,在工作教学中又善于理论结合实际,马寅初的经济学理论得到当时学界普遍认同。聆听这样一位大咖的演讲,同学们都受益匪浅。

1927年1月1日上午,新年伊始,今天的校庆氛围更轻松愉快。马寅初等百余名校友在林堂聚集,召开各地同学会联席会,公推张仲仁为同学会会长。马寅初等校友与在校学子一同欣赏了东吴剧社表演的昆曲、电影放映、体育表演,还参加了在校生与老校友的足球比赛。2日,全校在圣约翰堂举行了纪念大会,会上进行了荣誉学位授予仪式,张仲仁、马寅初被授予荣誉法学博士学位,张元济、赵紫宸被授予荣誉文学博士学位,文乃史校长将博士巾一一为他们披在肩上。

成为东吴大学荣誉博士的马寅初在此后担任多所学校教授,其中就包括母校东吴大学。新中国成立以后,他以一个学者的专长,以主人翁的态度进言献策。作为经济学家、教育学家、人口学家,马寅初被外界誉为"中国人口学第一人",曾获得首届中华人口奖"特别荣誉奖"。1982年5月10日,马寅初走完了整整一个世纪的人生历程,驾鹤西行,魂归道山,享年100岁,应了中国的一句老话——仁者寿。

马寅初毕生为国民经济综合平衡、稳定物价、控制人口等重大问题做出了卓越的贡献,这些母校会记得,祖国更会记得。2019年他被授予"新中国最美奋斗者"称号,便是祖国与人民心中难忘的追思与感怀。

丁香，丁香

多年以后，来到美丽的天赐庄校区，参观苏州大学英烈生平事迹展的时候，乐丁香才真正读懂了父亲特意给自己取的名字。多少人曾沉醉于戴望舒的《雨巷》，却只有她的父亲，真正遇见过一位丁香姑娘。

1910年，正在常熟传教的美国牧师怀特，在护城河的桥头捡到了一个弃婴，她用自己最喜爱的花儿给竹篮里的美丽婴儿起了一个新名字：丁香。

战火纷飞的年代，丁香得到了悉心的抚养。1925年她来到东吴大学，学习生物和代数，成为那个年代为数不多的女大学生。

在东吴，迷茫的丁香遇见了进步青年阿乐（乐于泓）。她与他一起阅读《牛虻》，思考人生的意义，一起为五卅烈士募捐，一起慰问北伐志士，一起面对"四一二"大屠杀的腥风血雨，并先后加入了中国共产党。

共同的信仰铸就了美好的爱情。1932年，两人在上海秘密结婚，然而革命者的婚姻从来不只是为了享受爱情，两人继续从事地下工作，丁香最喜欢的《圣母颂》成为互报平安的暗号。新婚仅仅五个月，丁香因为叛徒出卖，不幸被捕。养母怀特想尽一切办法营救她，规劝她履行一个手续，承认一下错误，就可以出狱甚至去美国。已有三个月身孕的丁香毅然谢绝了养母的劝说。1932年12月3日的子夜，丁香怀着对阿乐的爱恋，怀着对革命事业的信念，在南京雨花台英勇就义，年仅22岁。

听闻噩耗，悲痛欲绝的阿乐不顾危险，雨夜兼程赶往南京，身披蓑衣、头戴斗笠长伫雨花台下，在丁香就义处立下了"情眷眷，唯将不息斗争，兼人劳作，鞠躬尽瘁，偿汝遗愿"的誓言。

形单影只的阿乐，从此为新中国的解放四处征战，始终奋斗在对敌斗争的最前沿。直到1950年，在随军进藏的途中，他遇见了时钟曼这个相貌酷似丁香的姑娘，才打开了他关闭了18年的心扉。

虽然再婚，但阿乐对丁香的思念愈久弥深。他给自己的第一个孩子取名乐丁香；每逢清明，他都会穿戴整齐，亲赴雨花台看望丁香。1982年，在丁香牺牲50周年的纪念日里，阿乐在丁香就义的小路旁，亲手种下了一棵丁香树。再后来，雨花台的工作人员又在路边陆续种上了几十棵丁香树，从此雨花台多了一条丁香路。1993年清明，时钟曼和孩子们在绵绵春雨中送别乐于泓，将他的骨灰伴着美丽的丁香花瓣，一同埋在了他魂牵梦萦的丁香身边。

一个有希望的民族不能没有英雄。苏州大学百余年沧桑岁月里，为革命事业披肝沥胆的先驱英烈，何止丁香一人。学校梳理了百年校史中的23位党员英烈，走进本部博物馆内的展览，就可以看到曾经有那么多党员校友，用自己的生命诠释了革命年代的"热血青春"。

2019年，已经退休的乐丁香，带着纪实小说《丁香花开了》，再次来到苏大，寻访父亲与丁香曾经共同生活学习的地方。"亲爱的爸爸、丁香烈士，我来苏州大学看你们相识相知共同战斗的地方啦，祖国繁荣昌盛，你们安心吧。"写下这句留言的时候，她读懂了自己的名字，也读懂了父亲回忆里的"丁香妈妈"。

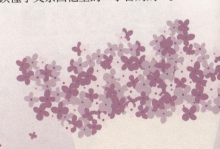

"东吴小姐作家"的才和情

抗日战争爆发后,东吴大学曾迁校上海,一批东吴大学毕业的女大学生纷纷投身文学创作,在《万象》《幸福》《春秋》《紫罗兰》等杂志上发表散文和小说。一些女作家仿效沪上知名的"越剧十姐妹",也搞了一个"文艺十姐妹",她们中的汤雪华、施济美、施济英、程育真、俞昭明、杨琇珍、邢禾丽、郑家瑷等,后来就构成了"东吴小姐作家"的主体。

东吴小姐作家中的施济美、俞昭明等均毕业于东吴大学;有的虽没有直接在东吴读书,但所就读的学校与东吴大学同属一个教会,如施济美的妹妹施济英就读过的东吴附中,汤雪华就读过的湖州湖郡女中,都属美国教会监理会所办,所以统称为"东吴系"。

施济美是"东吴小姐作家"的领军人物,也是上海20世纪40年代在文学声誉上仅次于张爱玲、苏青的著名女作家。抗战胜利后,《凤仪园》《群莺乱飞》《圣琼娜的黄昏》《井里的故事》《鬼月》等高质量的作品标志着她文学道路的巨大拓展,长篇小说《莫愁巷》更代表了她创作生涯的高峰。1946年1月,《上海文化》月刊举办"你最钦佩的一位作家"的读者调查,以大中学生及职业知识青年为调查对象,共计683人接受了调查。"东吴小姐作家"施济美继巴金、郑振铎、茅盾之后名列第四。

施济美的爱情故事凄婉动人。她的未婚夫俞允明是"文艺十姐妹"之一的俞昭明的弟弟,三个人同在1937年考进东吴大学经济系,不料"八一三"抗战爆发,苏州沦陷。当时的有志青年都以奔赴大后方抗日求学为选择,俞允明去了武汉,施济美则带着施、俞两家的老老小小逃出南京到达上海。此后,俞允明每月一封家信给父母,半月一封情书给施济美。一年后,俞允明被日本飞机炸死,施济美含着眼泪,模仿允明的笔迹,按时给二老写信报平安,直到俞老伯去世都不知道爱子已逝。施济美一生献身教育,独身而终。

另一个很有故事的女学生是程育真。程育真是著名侦探小说家程小青的女儿。程小青的侦探小说创作是在苏州开始的,苏州大学附近的望星桥河畔,至今还保留着程小青的故居。程育真早年就读于东吴大学文科,1944年大学毕业后,被母校聘请到当时东吴附中执教中文,20世纪40年代开始在上海的报纸杂志上发表短篇小说及散文,是当时东吴大学四大才女之一。1948年,她赴美留学,在哥伦比亚大学攻读英国文学,同年在美国结婚。婚后,她和先生在纽约创办了日报,担任编辑之职。其间,前后创作发表了数十篇长篇、短篇小说及散文。

这些女作家们后来渐渐淡出文坛,正统文学史也似乎忽略了她们的存在,但今天的人们应该知道,20世纪的40年代,除了张爱玲,在东吴,还有那么多年轻的女作家,星辰璀璨,美丽动人。

金庸：大师兄，大英雄

最近我心血来潮，把金庸的早期武侠小说《碧血剑》又翻出来重读了一遍。抛开金蛇郎君的神秘传奇和明末清初的风云激荡，这部金庸武侠小说"十四天书"的第二部作品最打动我的，倒是文末附的金庸所撰写的《袁崇焕评传》。

袁崇焕，这个在《碧血剑》中从头到尾从未真实出现，却是全文实际上精神领袖的人物，得到了金庸本人极高的评价。金庸在评传中旁征博引了大量文史记载资料，对袁崇焕的生平进行了详细的研究分析，并最终得出袁崇焕这一"亡命徒""痴心人""泼胆汉"，其"高贵的人性照亮人类历史的道路……"如此至高的结论，字字肺腑、句句回肠。这篇完全不同于小说叙事风格的长篇评传，饱含了金庸强烈的情感，也深深地打动了我。

2000年苏州大学校庆，金庸为母校题笔写下贺词"养天地正气，法古今完人"。2007年，他重回母校并受邀在存菊堂作讲座，称苏大的学子们为自己的"小师弟、小师妹"。虽然我遗憾地错失到现场一睹金庸"大师兄"风采的机会，但从其文字之间依然可以感受他的情怀所在。

侠之大者，为国为民。一个创作出无数"大英雄"形象的人，把披肝沥胆、力挽狂澜于绝境的袁崇焕视作真正的大英雄，足见金庸心中对正气、对完人的标准,而他一生情系中华、爱港爱国,也正是对"大英雄"的写照。青年时代的金庸投身报业,以笔代剑,纵论时局;在担任香港特别行政区基本法起草委员会委员、香港特别行政区筹备委员会委员等要职时,他以铁肩担道义,为香港特别行政区政治体制设计、保持香港长期繁荣稳定贡献政治智慧,不负东吴法学院师承之法理精神。我们的这位"大师兄"金庸,何尝不是一个如袁崇焕般报国之心拳拳、家国情怀深重的"痴心人""泼胆汉"?而他留给我们的20世纪华人文化思想史,何曾没有照亮一代又一代华人成长成熟的道路?

金庸说,养天地正气,法古今完人;季札伍员陆逊范仲淹皆吴人中之可法者也。作为苏大的学子,有金庸这样一位屹立于天地间的大师兄、大英雄,我们又岂可不奋起而法之?

> 养天地正气 法古今完人 季札伍员陆逊范仲淹皆吴人中之可法者也
>
> 贺母校苏州大学百年校庆
>
> 金庸敬书 二千年四月

马可：远离时尚圈的服装设计师

"服装不要看它有什么功能,最简单、舒适的才是最好的,无用之用,方为大用。我不爱时尚,对流行趋势也一无所知。"2018年夏天,毕业20多年的马可回到苏州大学,和学弟学妹们聊起她创办"无用"品牌的经历。

马可被认为是服装设计界的"隐士",作品永远有着独特的辨识度——长衣宽袍,素色复古,所有的衣物从纺线开始,织布、印染、刺绣,这些流程全部手工完成,材质多是棉麻或丝绸等天然质地,几乎所有的衣物都采用了超码、做旧的处理。这位坚持做自己原创品牌的设计师,生性恬淡,很少在时尚圈露脸,却是国内首位参加巴黎高级定制时装周的服装设计师,并将中国品牌的设计理念带向了世界。

马可的特别,不仅因为对衣物理念的坚持和践行,还因为她难以复制的经历。

1989年,苏州丝绸工学院(现并入苏州大学)在全国首开服装设计与表演专业,17岁的马可就是首届15名时装设计及表演专业学生中的一员。虽然主修的是服装表演,但她深深沉迷在服装设计当中,只要与服装设计有关的,她都会关心。一场服装秀上,除了服装设计本身外,她还会悉心观察舞台布置、灯光设计、妆容等,她会在服装设计展厅很认真地研究设计专业学生的作品,还一一拍照,做成图册,并不停地找老师探讨、研究。她对自己的要求十分严苛,大学时有一门课程是练习走猫步,人家走一遍,她会自己练习十遍,甚至更多。形体、舞蹈课上,她总要揪着老师,一遍遍地练,直到老师看着点头认可了才罢休。也正因为这股执着的精神,无论专业课还是基础课成绩,马可在班级里都是出类拔萃的,从来没有掉出过前三名。

苏州这座有着2500年历史的江南风雅名城,桃红柳绿,烟雨温润,也为青年时期的马可提供了丰富的艺术养分。在马可的大学时代,她经常一大清早在学校吃完早餐,包里塞上两个馒头,带上一本自己喜欢的书,踩着自行车跑到园林里,点上一杯茶,慢慢地读书,从早上一直读到黄昏太阳落山。累了,她便会在园林里逛一逛,仔细品味园林里每一处的精巧构思,一处园林待腻了,又换另一处园林……几年下来,江南匠心、中国韵味与马可的艺术触觉融为一体,成为她日后设计创作灵感的源泉。

1995年,大学毕业仅三年的马可在北京举办第一次个人时装发布会,这时的她逐渐成为时尚界的焦点。同年,马可获得了人生中第一个重要荣誉称号——中国首届十佳服装设计师。2009年,她被香港设计中心授予世界杰出华人设计师荣誉,2010年荣膺"2010年世界青年领袖"……"我希望能做一个实力派的设计师,这是我给自己的定位,最后做得怎样,无论行内、行外(顾客群)都会有公正的评价。"这是马可孜孜不倦的艺术追求,这些年来,她低调、沉稳,坚持自己的艺术理想,攀登了一个又一个高峰。

陈艳青：
不肯掰手腕的奥运举重冠军

　　2008年夏，苏大商学院研究生陈艳青"一举"拿下北京奥运会女子58公斤级举重冠军，并成为中国女子举重队第一位蝉联奥运冠军的选手。这位动作轻捷、体态健美的苏州东山姑娘顿时刷新了世人对苏州女孩"静若姣花照水、动若弱柳扶风"的固有印象，同时也改变了人们对女子举重运动员必定是粗糙、壮实甚至略显笨拙的刻板印象。

陈艳青的轻松一举和从容领奖的自信，打动了苏州大学师生。赛事结束后，师生们迫不及待地想和这位离苏大最近的奥运冠军见个真容，话个家常，取个真经，打听个幕后花絮啥的！

9月4日下午，载誉归来的陈艳青在本部大礼堂作了生动的事迹报告。陈艳青在赛场上是老将出马的奥运大冠军，在报告会上是个口才出色的苏州小女子。报告结束后，在场的学生们意犹未尽，纷纷提问。这时候，一位坐在第一排的男生站了起来，男生体格健硕，自称是体育学院的学弟，希望能和商学院的冠军学姐掰个手腕比试比试力道。体院学弟的要求听起来有点小小的挑战味道，笔者作为此次活动的组织者之一，颇为陈艳青担心。从体型上看，陈艳青虽说是举重奥运冠军，但是未必能在掰手腕上拿下学弟，输了，会略有点难堪和尴尬；赢了，也未必很有面子，毕竟是刚刚拿下奥运举重冠军的师姐，赢了学弟手腕，输了师姐气度。

正在笔者暗自替冠军"捉急"之时，只听见陈艳青微笑淡定地跟学弟说："但凡能站在世界冠军领奖台上的运动员，都不只是靠体力赢的！"全场顿时掌声雷动。

确实如此，这就是苏州这座千年水城"刚柔相济"的城市精神在陈艳青这位土生土长的苏州姑娘身上刻下的基因吧。相比于其他伤痕累累的世界冠军，陈艳青在20多年的举重生涯中几乎未曾受过一次像样的伤，她举重的运动轨迹被国家举重队制作成视频作为运动员科学练习的模板。

陈艳青，三次退役三次复出，应国家之召，尽智慧之力，完美阐释了"刚柔相济水精神"的丰富内涵。

吴志祥：
从地下七十二层慢慢往上爬

"以前卖中供的那个苦是地狱十八层，（创业后发现）地下还有七十二层。我们从那七十二层慢慢往上爬。"这是吴志祥的原话，也的确是他个人经历的真实写照。

经过在苏州大学旅游系的四年系统学习，吴志祥当过老师，待过国企，做过兼职导游，在一系列的工作中，这个敢想敢试、对一切都充满好奇的小伙子偶然闯进了互联网世界。那是2000年8月，在没看懂阿里英文站，没听懂公司介绍的前提下，他决定去杭州，看看全中国做电子商务最牛的公司到底什么样。现在回忆起二十年前那则阿里巴巴的招聘广告，吴志祥只觉得挺有意思："来了一个比我更会吹牛的。"

这一去，24岁的吴志祥从国有广告公司的副总经理、"行者工作室"的业余站长，这样一个能赚点钱的"小老板"变成了卖中供的"普通销售员"。如此身份转换让他很难适应，"打一天电话找不到一个意向客户。没人搭理我，说我神经病。大部分人把电话直接挂掉了。"

但他的脑子从未闲着，在阿里的内部邮箱发表了三次提议，指明机会所在，"公司应该做旅游的B2B平台"。他并未收到回复，甚至还被马云提醒不要分散精力，把中供干好。不过，吴志祥的大学老师、苏大旅游系教师王专倒认为他说的不无道理。

2002年，吴志祥离开阿里巴巴，找到老师王专、同学张海龙和在《中国旅游报》担任记者的师妹吴剑，在苏大一间九平方米的教职工宿舍里创立了同程网，并于2004年4月正式宣告成立。又过了几年，作为参赛者中唯一一家有营收的公

司,吴志祥带着同程登上了CCTV《赢在中国》创业大赛的舞台,又一次面对马云,他用曾经被忽视的项目赢下了500万元创业基金。

如今已是他创业的第17个年头,当年那个带领仅四人小团队的毛头小子,成长为如今拥有万名员工、破亿用户的公司董事长。同程网也发展成为目前苏州唯一一家全国性大型电子商务企业,全国最大的旅游电子商务平台之一。吴志祥正用自己多年累积的经验影响着更多创业青年,并告诉他们:这条路很难,但有我们与你一路同程。

从模仿到创新,吴志祥带着"阿里铁军"的精神一边学,一边试,终于在旅游业闯出了自己的一番天地。2003年,"非典"几乎洗牌整个旅游业;2020年刚开头,突发的新冠肺炎疫情又给了旅游业一记重创。这两次严重的疫情,同程都迎面撞上,一次是机遇,一次是提醒。"危机对每个企业都是平等的,不要让疫情白来一次",同程生活、同程商学院、同程旅业、同程资本……吴志祥的思路从未被框住,付费课程亲自上阵、流行的直播也不怯于露面,由他统领的"同程生态圈"正茁壮成长。未来十年,集团的目标是在旅游主业上创造1000亿市值,同时孵化100家市值共1000亿的公司。

这个从卖网上名片起家的创业者,把所有磨难都当作礼物,和千千万万饱含热情想靠自己赢在中国、走向世界的年轻人一样,只是更多了些坚持。

现在,同程大楼大堂到二楼的楼梯上,每一个台阶都刻着过往的岁月。走过这些台阶,我们可以看到:七十二层的地狱,吴志祥爬出来了。

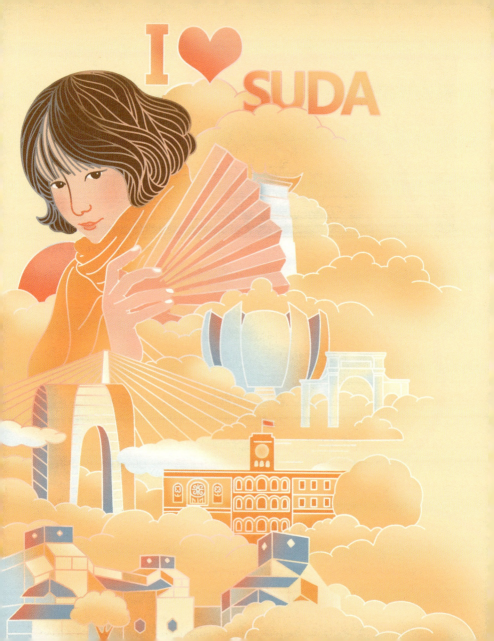

第八章 苏式新天堂

　　这里是苏州,亭台楼阁、池馆水榭、精致典雅、摩登时尚都是她的符号,她最古典也最现代;

　　这里是苏大,百廿芳华、世纪鸿影、包容并蓄、创新出发皆是她的标志,她最古朴也最年轻。

　　姑苏城外寒山寺,夜半钟声到客船。流传千年的经典诗句使无数人对苏州神往不已。

　　养天地正气,法古今完人。这所百年名校巍然屹立,经历了风雨变迁,始终秉承立德树人初心,为国家建设与社会发展做出了重要贡献。

　　说起苏大,离不开苏州;谈起苏州,绕不开苏大。

　　千年名城中的百年名校浸染了同样深厚的城市底蕴和人文魅力,悠久古韵与现代活力相互交融也成为苏州大学特有的气质。

　　来苏州看看吧,人间天堂,自在苏州,群贤荟萃、宜居宜人的创新城市等待你的探索;

　　来苏大看看吧,百廿东吴,最美苏大,名校名城、融合发展的广阔平台为你敞开大门!

　　走,我们去苏州!走,我们去苏大!

大学与城市的世纪之恋

　　大学和城市，是人类文明的绚丽之花。城市构筑了现代文明的骨骼，大学绘就了城市的精神天际。一座城市，塑造一所大学；一所大学，繁荣一座城市。每一座经济发达和历史悠久的城市，都有一张闪亮的"大学名片"。生于苏州、成于苏州的苏州大学，无疑是与城市的气质和底蕴最相符的一张，同时也是最耀眼的一张。

苏大与苏州的世纪之恋"始于颜值",更"陷于才华"。120年前,苏州以悠久的历史、深厚的底蕴和开放的襟怀,吸引了林乐知、孙乐文等先贤开始了近代意义上新的"泰伯奔吴"。他们将当时西方先进高等教育理念带到苏州,携手苏州有识之士曹子实等前辈共同创办了苏州大学的前身——东吴大学。从此,苏大与滋养她的苏州文脉相连、共荣共生。今天的苏州大学,中西合璧、浪漫典雅的校园环境堪称一绝,被誉为中国十大最美校园之一,更拥有"惊世才华",成为汇聚人才的凤栖之地、科技创新的蝶变之地、拓展人生理想的天堂。可以说,苏大的"颜值"装点了苏州的风光,苏大的"才华"更充实了苏州的内涵。

苏州对苏大历来是偏爱的。苏大对苏州也是满怀深情。苏大就像一棵大树,她的根深深地扎入苏州大地,汲取成长所需的养分,她繁茂的枝叶和丰硕的果实,反哺着这座城和这里的人民。一百多年来,这棵树一直安静地矗立在那里,仿佛和城市永远分离,却又终身相依。

2006年,这座城与这棵树实现了从"单相思"到"第一次对话"的转变,拉开了融合的序幕,国家试点学院和国家协同创新中心应运而生;2016年,实现了从"眉目传情"到"第一次牵手"的转变,融合发展上升到战略高度,国家重点实验室和全球首家红十字国际学院纷纷落地苏州,被传为佳话;2019年,实现了从"两情相悦"向"第一次拥抱"的转变,共谋面向新时代的融合发展大计。

我们欣喜地发现,苏大每年有近一半的学子留在苏州创业就业,13家国家级创新平台积极承接苏州重大科技任务,包括十多位院士在内的230多位国家级人才成为引领苏州科技创新和产业升级的主力军,4所附属学校和1所正在筹建中的本科大学托举着莘莘学子的希望,12家附属医院呵护着1000多万市民的健康……百年学府与千年古城映衬着对方、美丽着彼此,愈发相得益彰。

千年姑苏,承千年文脉,风雅长留;百廿东吴,书百年故事,弦歌不辍。不远的将来,苏州成为世界名城之日,定是苏大成为世界名校之时。

打卡苏州，情迷苏大

刚来到江南风韵、吴侬软语的苏州，学长学姐都会推荐这座城市无数值得打卡的地标，兜兜转转却发现，身在其中的苏大校园，本身就是各大排行榜和旅游攻略上最值得一去的景点。

城市中心一抹绿

苏州地图上，除了大大小小的公园，就数苏大校园有最多的绿色色块，偶尔"串门"的小松鼠、戴胜鸟和百岁"高龄"的古木相伴，下过雨的校园绿意葱茏，弥漫着花草的清香，大草坪上铺一张野餐毯就可以和朋友聊一下午。教学楼前石凳上晒着太阳的老人，鬓角汗湿、脸蛋红扑扑的孩子，背着相机定格最美瞬间的游人，每逢整点、半时钟楼钟声回荡在百年校园的角落，走出课堂的我们就这样也成了画中景，景中人。

生活在"苏大公园"里，最喜欢在周末的早晨骑着自行车穿过长长的校园甬道，江南城市湿润的风从东吴桥轻轻拂过，阳光从百年古木依旧蓬勃茂盛的枝叶缝隙漏出来，漫步校园甬道，苍翠古木屹立，"春晖""夏润""子实""精正"，每一幢建筑都有如诗的名字和流传的故事，古式教学楼里埋头读书的学子也是校园里最美的景致。

从望星桥到晴岚河，从维格堂到精正楼，四时光景在苏大的每一个时刻留下最美的影像。三月春风樱满枝，古木环绕的东吴门盛满了慵懒的春光；六月榴花开欲燃，盛夏光年流转在莲花一样盛开的炳麟图书馆；十月丹桂香满园，湖畔的秋风吹皱了阳澄湖水；腊月入冬一场雪，尊师轩内梅开一枝迎接新一季的故事。苏大校园，是千年姑苏的地图上最有魅力的景点。

魅力苏州一段情

宋朝诗人范成大《吴郡志》中的一句"天上天堂,地下苏杭"是苏州最早的城市形象宣传语,软语吴音、园林水乡是苏州城温婉的文化名片。而提起苏州,总会要谈起苏大,讲起苏大,也一定绕不开苏州这座城市。

走出校园,位于十梓街1号的天赐庄校区校本部与古城相接,东校区以东吴桥相连,北校区依相门桥互通;老校门隐于老街,门外即老苏州的流水与小桥,叮咚的青石板路上一个黄昏就可以探寻地道的老苏州气息;夜幕降临,

曾经的江枫渔火早已变成悄上的华灯，位于苏州工业园区的独墅湖校区里夕阳下的篮球场、悠悠乐声的白色琴房和校园咖啡厅里享受闲暇时光的学子成了独墅湖畔夜幕下的风景；莲花岛、美人腿和阳澄湖国际度假村，从阳澄湖校区出发，一辆单车就可以尽享江南城市的四季风情。

　　城中之园，园中之校，就像这座古朴与魅力交织的城市，古韵今风共存，活力魅力兼具，在不同的时间节点上熠熠闪光。

　　初见苏大，太多人会赞叹"最美校园"里四时的光景；来到苏州，更多人会流连江南水乡的韵味悠长。欢迎你打卡苏州，来到苏大，和这里的魅力光景相遇相知，续写更美的光阴故事。

家门口的苏大

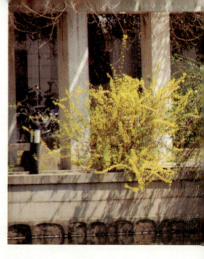

"桂子月中落,天香云外飘。"金桂飘香的九月,踏着徐徐秋风,这一刻,我迈入了人生的另一阶段。从苏州中学到苏州大学,穿梭于古色古香的古城区与华灯璀璨的工业园区之间,从小生长在苏州的我,愈发感受到苏城的魔力,也通过短暂三个月的大一校园生活,愈发感受到苏大的韵味。

一方水土养一方人,同时也孕育了一座校园。只记得儿时,家住苏大天赐庄附近,偶尔周末我会趁着校园开放日,走进宛若园林的苏大校园,散散步,观观景。不想有朝一日,我会进入苏大独墅湖校园,成为一名苏大人。

虽说在苏大的日子不久,我的日常生活不过穿梭于宿舍107号楼与管理学院606号楼之间,路上随处可见的校猫,以及傍晚落日余晖倒映在湖水中的美景,使我不禁感叹,我们身处在一个最好的时代,身处在如此有韵味的校园中学习、交友,乃一桩幸事也。

或许,从未离家过的我,初入校园总有些许不适,可伴随着幽默又有才华的同学,和蔼可亲的辅导员老师,满腹学识的老师,我逐渐地勇于改变原来的学习模式,适应新的生活方式,融入宿舍集体生活,享受晚自习宁静的学习氛围。

开学初,学院有心为我们准备了多场优秀学长学姐分享科研经历的讲座,热情的学术氛围,多姿多彩的科研比赛,吸引了我这个完全的科研小白。我开始学会寻找志同道合的同学,结识了其他专业甚至学院的伙伴,尝试创新,开展社会

实践,面对挫折,学会不抛不弃。还记得第一次和团队组员前往教授办公室,探讨项目计划书,虽然事先已经和老师在微信上沟通过约见时间以及项目内容,可站在门口敲门时,内心还是存着些许忐忑与惶恐。但随着交流的深入,老师尽心尽力地帮我们分析问题,利用休息时间,给予我们切实有用的指导,我渐渐感受到苏大的温度,即使是冬日,我也能感到师生间的温情。

苏州是一座有温度的城市,苏大也是一座有温情的校园,身处其中,尝试去理解不同的人,不同的事,同时学会适应与接纳,慢慢学会突破创新,我想生活如此,求学之路亦是如此。

前不久,我的高中母校苏州中学迎来新学115周年校庆;如今,我的大学母校苏州大学也将迎来120周年校庆。也许,这是一种缘分。三生有幸,能感受两所苏城最具风韵的学校的教育态度。欣欣向荣,人才辈出,或许是对院校最真切的期许,也期待百廿苏大,能有更光明的未来。

苏城五月,百里明媚,十里莺啼,别有韵味,愿苏大充满无限生机,未来可期。

好巧遇见你

韶光流转,盛事如约,我的母校已走过120载春秋,迎来百廿华诞。在这一段庞大的时间轴上,有幸我的四年能与其产生重合,得以见证其漫长岁月中的片段光阴。

时光匆匆,踪迹难寻,而校园却总是那一段青春记忆的承载体。犹记得四年前入学之时,刚踏入校门便见一道显眼的横幅映入眼帘——"不巧,我在等你"。霎时间,一股熟悉而亲切的感觉悄然钻入心间,驱散了初入校园时心头的忐忑与不安,而周身的一花一木,一砖一瓦都仿佛是矗立已久的故人,等待着一场久违的重逢。

四年间,丰富而充实的学习生活与学生活动,使我曾穿梭于学校的每一片屋檐下,流连于每一处角落间。用掌心轻抚建筑,能感受墙体的温度;用手掌静静描绘,能体味粗粝遒劲的生命力。深深浅浅的印记是时光为其流转镌刻的证明,亦是我校园记忆刻录存储的读取点。

灰白交接,点点红砖的文综楼,是青瓦白墙的江南风貌的延续,亦是与本部西式建筑的交融,它曾听取众多教师传道授业,也曾聆听无数学子的琅琅书声;玲珑水晶,莲花绽放的炳麟图书馆,是新颖独特的现代化概念的彰显,亦是幽雅浪漫的古典韵味的流露,它是卷帙浩繁的汪洋知识之海,也是催生学术思想的源

泉。如殿堂般熠熠生辉的恩玲艺术中心，中西音乐在此奏响，美妙音符在此倾泻；活力四射的大学生活动中心，青春在此上演，笑声在此迸发。传承、创新、和谐、活力，无一不是母校继往开来、不断奋进的体现，无一不是其"养天地正气，法古今完人"的办学精神的凸显！

"独墅湖畔好读书"，伫立于高校林立的高教区，独墅湖畔的校园似乎天然浸润着浓郁的人文气息。图书馆使灵魂得以暂时休憩，影剧院令心灵感悟百态人生，体育馆燃烧着健康与力量。更毋论各类研究机构、高等学府之间开放包容、互鉴互通的学术交流，院校与企业之间优势互补、共谋双赢的紧密合作。如果将百年苏大比作参天树木，那么独墅湖畔的校园便是那萌动初放、生机勃发的新芽。波涛荡漾、浮光闪动，独墅湖的氤氲水汽滋养着它的脉络，见证着它的成长，而我何其有幸，能蛰居湖畔，感受其间思想的争鸣，科技的勃发！

穿行于校园附近的星湖街之上，一座巨大的双环形钢结构雕塑耸然屹立，其名"升华"，取自《诗经·小雅》中"如月之恒，如日之升"之意。值此喜迎母校双甲子之际，衷心祝愿我的母校，亦如旭日东升之光，似明月高悬之辉，永远繁荣，永远昌盛！

独墅赋

　　长洲故邑，姑苏新城。斜塘辖属，东吴分生。钟灵毓秀，枕松涛而观文景；集凤翔鸾，挟书影以向翰林。堪堪五载，殷殷一心。试弄笔以纪怀，聊撰文而抒情。

　　癸未始出，区分南北；丙戌既成，学贯中西。环翠十里，衔蝉四跃；琼芳遍地，墨香弥空。珍馔常品，筵有梅花做伴；高卧何忧，寓得雅士为朋。玉树光灿，承文治之遗训；晶莲辉逸，循炳麟之高风。

　　越独墅，俯文星。金鸡唱而天下晓，白鹭起而万物兴。华池星沉，圆融风物；李堤春生，丰隆辰光。曙雀既降，霓灯渐升。惭素影之皎皎，羞明烛之荧荧。

　　妙哉！好景虽盛，内美亦实。杏坛林立，芝兰入榖；石室云集，风雅充闻。吴中先贤，嘉名已久；湖东雏凤，清声可期。噫！浩浩乎平江，巍巍乎东方。青衿推盛，文脉流芳。与天地兮同寿，与日月兮齐光！

本文作者杨由之，苏州大学2019级研究生。

弦歌不绝话恩玲

白居易曾用"大珠小珠落玉盘"来描述音乐之声的婉转动听。2019年5月,在独墅湖校区,又一对大珠小珠如并蒂莲般优雅地绽放,这便是新落成的地标之建筑——恩玲艺术中心。她亭亭玉立又轻盈脱俗,风过云动之时,则是珠转带飘,婀娜多姿。旦夕之间,这里已成打卡之地,更是音乐人的神圣殿堂。

恩玲艺术中心由香港爱国实业家、首届江苏省慈善奖"最具爱心慈善捐赠楷模"朱恩馀先生捐建,以朱恩馀、谢玲玲伉俪名中各取一字命名。朱先生一家早在20世纪80年代中期就在苏大和大陆部分高校、中小学捐资助学,其父朱敬文先生提出"为国储材,自助助人"的育人理念,苏大敬文图书馆、朱敬文奖助学金等都是由其一家慷慨捐赠的哦!

恩玲艺术中心落成之年,适逢新中国成立70周年大庆,盛世颂声,弦歌不绝,余音缭绕,各类音乐演出活动不断。诸多演出场次,音乐厅虽有千余座位,仍是一票难求。

医学部的小朋友似乎特别幸运,他们有机会和自己的师兄在这里同台演唱。这师兄来头不小,他是正正宗宗的师兄——北大常务副校长詹启敏院士。在苏大医学校友分会成立之时,詹院士在这里献演数首自己填词作曲的歌,舞台上风度翩翩、温文儒雅、神韵天成,精品医科男陡然之间化身为文艺大腕,让全场学子深为折服。所谓文理要贯通,所谓学不可偏废,多好的言传身教,多么生动的一课,综合性大学的优势立马亮眼。恩玲艺术中心的建成,不光是音乐爱好者受益,受益的是所有生于斯、长于斯的人。

当然,专业的音乐人员更是喜出望外、如鱼得水了。苏大交响乐团、苏大合唱团、音乐学院的师生等等以及校外同行纷至沓来,在这里奉献出一场又一场音乐盛会。音乐学院的刘晶晶老师对此就有特别的感受。他负责苏大交响乐团,以往乐团演出没地方,只能在校外到处找地方,乐团人多、器材多,举办一场音乐会甚是辛苦。现在不一样了,演出之前,他可以带着乐团提早一周驻场排练,极为方便。宏大的建筑、优美的造型、杰出的声学设计,这些都让他兴奋不已。

恩玲艺术中心的建设来之不易,积十年之功始成,很多建设者为此付出大量辛劳与爱心。心系桑梓的朱恩馀先生和他的家人,从经费捐赠、建筑设计等全过程予以关心,倾注无数心血。当天籁之音从大珠小珠飘出之际,我们都会想到身在香港的朱老先生。朱先生之风,诚为高山流水,令人仰止。

苏大东吴校园是中国最美的校园之一。她的美不只是因为拥有一个世纪前特定年代的建筑遗存,也因是新时代的建筑新品迭出,恩玲艺术中心古韵今风的特色非常明显,她已牢牢站在独墅湖校区的C位,成为苏大的新地标,成为来独墅湖校区的客人必定打卡的网红之建筑。

水晶莲花,盛满书香

在苏大天赐庄校区求学的朋友们一定会有一段共同的经历,那就是三两结伴,乘上110路公交车,驶过长长的独墅湖隧道,不出半小时就可以来到独墅湖校区。随着校园建设的不断推进,"年轻"的独墅湖校区硬件条件也实属一流。

这不,坐落在摩登时尚的独墅湖校区北侧的苏州大学炳麟图书馆,就当之无愧成为"独墅湖建筑圈"的实力担当,让我们走近既有靓丽外表,又有实用"内心"的它仔细瞧瞧。

一朵莲花,颜值爆表。 炳麟图书馆的外形就像一朵绽放的"水晶莲花",是不是和文人墨客向往的"出淤泥而不染,濯清涟而不妖"的高尚情操相吻合呢?简约、流畅的外观,黑白灰的色调和充满现代"科技感"的苏州工业园区高教区完美融合,既有江南情怀的浪漫气息,又凸显出信息时代大学图书馆独特的文化气质;既和苏州传统园林的色彩完美集成,又与活力满满的独墅湖新校区相互映衬。和印象中方方正正、规规矩矩的图书馆不同,炳麟图书馆南北向立面是玻璃幕墙,屋顶是通透的玻璃天棚,明亮通透的室内,学习起来感觉时刻"满电"。圆形的门

洞，是南方园林常见的形式；馆里放置了许多生长旺盛的绿植，步移景异，绿意盈眼，是不是时刻在提醒同学们"读书也要注意眼睛"呢？

一座书城，书香浓郁。 图书馆的"主业"当然就是知识的海洋啦，占地2.42公顷，总建筑面积3.2万平方米的它藏书75万册，收藏以人文艺术类、古籍特藏类书刊为主，化学化工、生物医学等类见长。你细看"水晶莲花"的外表，是不是有点像堆放的图书，又有点像象征数字时代文明的条形码？中庭电梯厅就是"书山"，中庭地面就是"书海"；书海中相切圆取宇宙概念，寓意学海无涯，知识海洋浩瀚无边，并与中庭楼面层层放大的态势呼应，隐喻对未来的无限憧憬。原来设计师还藏着这样精巧的心思呢！

一份爱心，寄托深远。 炳麟图书馆是由爱国实业家、美国"钢铁大王"唐仲英先生捐资助建，并以其父亲唐炳麟先生名字命名的建筑。唐爷爷提出了"服务社会、奉献爱心、推己及人、薪火相传"的唐氏基金会宗旨。承载着爱与期待的它，在"全国超美的50个高校图书馆"评比排名中勇夺第一，还获得了中国建筑业最高奖项"鲁班奖"，更是所有苏大学子心中的学习圣地。

馆外，三五成群的师生来来往往，充满活力的步伐形成一道流动的风景；馆内，莘莘学子埋头书本，勤奋求索，为"青春"写下最好的注脚……

在北校区的遐思

北校区的新操场竣工了,我赶紧拍了几张照片发到同学群里,大家纷纷冒泡,沉寂许久的大学同学群突然热闹起来,一水儿的感慨"时光飞逝"。坐在办公室里,看着窗外的同学走过,我有些恍惚,仿佛回到了22年前。

我是1998年走进苏州大学北校区大门的,进门就是一条林荫大道,两旁的香樟绿树成荫,大道尽头就是知行楼,这是学院原来主要的教学楼,见证了苏州丝绸工学院的建立和发展,到后来苏州丝绸工学院并入苏州大学,丝绸学院成立,改名为材料工程学院,后又演变为现在的纺织与服装工程学院(紫卿书院)。现在的知行楼变成了苏州科技创新广场,往常进出的莘莘学子也变为了白领精英。转过知行楼,会豁然开朗,一幢现代风格的大楼巍然耸立,工科楼是我们育人的新阵地,窗明几净,教学设施及其他配套一应俱全。工科楼往东,经过丝绸楼、第六食堂,走到底就是宿舍区了。

那时候我们宿舍里八个小伙儿,正好是四个江苏省内的(包括一个苏州本地同学),四个省外的同学。宿舍里没有空调,你想想,八个小伙儿憋在一间宿舍,夏天热得根本没法睡,宿舍十点半熄灯,回去冲个凉水澡,卷起席子就睡到天台上去了。宿舍五楼有个天台,本来是晾晒衣被的,水泥板铺就的地面,我们也不讲究,大家嘻嘻哈哈,各自扎堆,找块平整的地方就躺下了。有时候还会去超市买一箱啤酒,就着几包花生米,沐浴着星光,憧憬着未来的日子。那块天台见证了我们肆意的青春:有书生意气指点江山;有少年不识愁滋味,为赋新词强说愁;有仰天长啸,也有低声呢喃。现在的

紫卿书院宿舍都改成了上床下桌，配好了空调，一间宿舍只住四个同学。我告诉我的大学同学，他们都艳羡不已。

宿舍里待不住，课余活动男生常常就去打球，篮球、足球都有很多拥趸。那时候足球场的草是肆意生长的，一脚下去说不定惊起几只昆虫，继而球就不知滚到哪个草丛里了。跑道也是煤渣跑道，每次学院运动会，老师们都要再三叮嘱，跑的时候要小心啊，别摔着，摔下去就是一层皮没有了。可我们还是不管不顾，为了班级荣誉，每年总有几个磕破膝盖的。那时候也没有像现在一样正规的学生体育社团，都是自发组织的比赛，大家往往没有太多热身就上场比赛了。同学们常常笑着回忆说，如果有人指导，我们也不会30多岁就膝盖积水、软骨磨损打不动球了。

铁打的营盘，流水的兵。春去秋来，北校区的教学楼、实验楼、宿舍楼就像一位位大家长，默默看着一届届孩子带着希望走进校园，又看着他们踌躇满志走向社会。如果他们能说话，估计就会和老师们一样，笑着说，常回家看看。

本文作者严明，苏州大学纺织与服装工程学院（紫卿书院）党委副书记、副院长。

嘘，听说苏大有神器

我们的故事从哪里说起呢？哦，就从一位新同学小明的经历开始说吧！

在过五关斩六将的高考战斗后，小明顺利地踏入了美丽的东吴校园，成为苏州大学的一名新生。远离了家乡的父母，不再是师长严格把控的高中生阶段，一切是那么的新鲜，又是那么的陌生。小明感到了与以前不同的轻松，但也有一种缺少被关心的担忧。不过很快，小明的担忧就被打破了：如果几天不正常吃饭，如果课业成绩出现下滑，如果深夜出入宿舍，那么班主任和辅导员的精准关心就会马上到来，似乎一点也不会因为班级和专业人数众多而出现延迟。面对这种情况，小明可是又惊又喜。一个大大的问号出现在他的脑海里：老师怎么会有这种千里眼顺风耳的本领？难道他有什么神器？我们的小明，一个新入学的00后，对此充满兴趣。

真有神器吗？一点也不错，真的有！小明所体验到的神器正是"云中苏大"项目里新生陪伴成长计划的成果。2018年10月，苏州大学和华为公司签署了战略合作协议，开始打造一个"镜像化、数字化、智能化"的"云中大学"。"镜像化"是"云中苏大"的存在形式，与现实苏大有机统一；"数字化"是"云中苏大"的构建基础，是物理环境和资源的全面数字化感知，实现学习生活等动态行为的智能识别；"智能化"是"云中苏大"的价值体现，是学习、生活、科研的无感智能。简单来说，未来将实现学校完全数字化，实现校园内的人、景、物以及学术活动、文化生活等各方面的全息复制，通过数据处理分析，在各个领域实现校园的智能化升级。一年多以来，"云中苏大"建设已取得一系列阶段性成果，比如刚才提到包含新生陪伴成长计划的大学工系统，还有实验室安全系统、停车引导系统、宿舍智能电表系统、迎新离校系统等等。在这些智能化系统背后作为支撑的，则是精心构建的顶层设计、努力夯实的数据中台，这一切构成了"云中苏大"的完整框架。

说到"云中苏大"的神器,就不能不提360智慧教室,它基于5G及VR/AR技术打造,能开展临床医学案例沉浸式教学。巧合的是,我们的小明同学是一名医学专业的新生,他将有幸体验到这一全新构建的医疗教学模式。在这个360智慧教室里,小明将可以随时随地接入学习,能根据自己的爱好直接与医院的主刀医生、手术室医生交流互动,尤其是VR(虚拟现实)技术给小明以身临其境的沉浸式体验,就好像他完全置身于手术室一般。技术给人带来的,不仅仅是便利与快捷,更是一种体验的快乐。

如果说,学工系统里老师根据系统数据分析能及时关心帮助同学是一种关爱的神器,那么360智慧教室就是一种学习的神器,整个"云中苏大"的建设,就是苏大运用最新信息化技术不断打造更多神器的过程。

亲爱的同学们,从踏入苏大的那一刻起,你们就将是这些神器大放异彩的见证人。怎么样,是不是相当令人期待?好了,你们可以悄悄告诉自己的同学和朋友们了,"嘘,听说苏大有神器……"

坐在自习室前排的那位姑娘

　　打开记忆的闸门，穿过时空的隧道，牵起情感的时间线，那熟悉的风景，熟悉的人，不由得涌上心头。

　　那是自习的一天，我顶着落日的余晖，背着重重的书包，一个人奔走在去自习室的路上。路边的芦苇荡在南风里左右摇摆，发出沙沙的声音，仿佛是在催促着我加快脚步。文综楼前的池塘在夕阳的余晖下，散发着闪耀的金光，一层层的波浪在金光下不停地涌动。平时文综楼的晚上，总是安静而又温馨的，自习室里的每一个人，都在做着自己的事情，有忙于看书、写论文的学霸，也有谈情说爱的小情侣，他们都在书写属于自己的苏大故事。而我的苏大故事便是坐在自习室前排的那位姑娘。

我们掏出上课所学的教材,拿出那本淡黄色的笔记本,开始晚上的温习,这样一坐,便是两三个小时。有时我们也会因为一些笔记的问题而小声交谈,有时我们也会相互督促正在开小差的对方……这样的晚上总是充实而又幸福的,自习结束后,望着远处的月光,看着文综楼上星星点点的通宵自习室,心中荡漾着甜蜜的味道。

那是周五的下午,想着周末的轻松,看着远处的夕阳,两个人漫步于通往独墅湖的路上。凡是去过本部的苏大人都知道,情人坡是苏大情侣谈情说爱的地方,那古韵古香的校园环境,静谧而又温馨,令人心驰神往。但是作为身在独墅湖的苏大人,氛围一点也不比本部差。从西北门沿文景路向西走大约500米,就是白鹭园,那是属于我们苏大独墅湖人的"情人坡"。白鹭园毗邻独墅湖,走在湖边的羊肠小路上,工业园区的景色尽收眼里,有象征现代新苏州的地标性建筑"苏州中心",亦可看到各种高低起伏的建筑。当然最美的还是那一抹夕阳,映照在波光粼粼的湖面,迎面吹来凉爽惬意的湖风,洗涤净一天的尘嚣和烦恼,是我和她享受时光、感受生活最美好的回忆。

喜欢苏大,不只是因为她是"211工程""双一流"高校,还因为她独特的人文环境,令人惬意和释然;怀念苏大,不只是因为她位于繁华热闹的现代化都市苏州,还因为古韵今风的雅致和那些最美好的青春回忆。

一米阳光

此番轮岗至二十公里开外的阳澄湖校区,一下潮了我心。打开办公室,却见四扇塑钢大窗开阔敞亮,并无遮挡,靠窗的那一抹阳光,霎时温暖了我心房。索性把办公桌移至窗口,穿过窗户的阳光,爬满桌上。清风徐来,呼吸着阳澄湖清新的空气,品着甘茗,顿觉这里唾手可得的阳光、空气和湖水,是那么随心所欲。免费并非廉价,却是无价。生命中不可或缺的阳光与洁净的空气、水,如今则是有钱难买,诚如生命和健康。闲暇之余,惬意地将手心从阴面缓缓地伸向阳光,瞬间就能感受到温暖照进心田,再由心底缓缓地散向全身,即便体内发了霉的旮旮旯旯,也重新充满阳光,甚至泛黄了的往事,也能晒出阳光味道。

记得三十多年前到苏大报到,是在"东吴大学"老校门东边的小洋楼底层。一大统间,北侧置了张桌子就办公了,却终年不见阳光;20世纪80年代末,我在葑门外东校区,于学生宿舍底层一南向办公室办公,却经常上夜班;几年后调回校本部,办公室朝西,只有傍晚时分的一点西晒太阳,照得人眼花缭乱;后又轮岗到东校区,朝南办公,但阳光要穿透茂密的行道树折射进来,稀疏得像食堂里小荤中的肉丝。再轮岗到园林式的北校区,百年大树遮天蔽日,办公在一楼朝东,非但终年不见阳光,且阴冷潮湿。十五年,几近忘却了阳光的味道。突然轮

岗到阳澄湖，在这里我却意外收获了一米阳光、新鲜空气和清澈湖水。

我不知世上何处阳光最多，也不知世上何处阳光最暖，更不知世上何处阳光最柔。经一上午的直晒，值班室靠近窗下墙根小床的被褥，已满是阳光的芬芳。午休，我枕着这一米阳光，迷糊于初上"安全教育"讲台，却因怯场被学生轰下台之窘迫；迷糊于与学生"窃书不算偷"之争论；忽又穿梭于参天古木、婆娑松柏下琅琅书声里；忽又穿梭于学术报告厅、名师讲堂、展览馆，领略大师风采，聆听学术前沿，欣赏绝妙艺术；忽又徜徉于这有着深厚历史文化底蕴的老校里，寻古探幽；忽又闻听印度诗人泰戈尔高声吟诵道："让我的爱像阳光一样包围着你，而又给你光辉灿烂的自由……"手机闹铃响起，醒来走回办公室。

心中装满阳光，即便穿过阴凉的走廊，也是亮堂。不论身处昼夜或面向阴阳，只要心中装满"一米阳光"，生活便充满了光明；不论身居这百年老校何处，只要能传承其不息人文精神之"一米阳光"，人生就有诗和远方。呜呼，乃百年苏大之"一米阳光"，照亮了我由一山野村夫走向"小文人"之路。

本文作者周伟虎，苏州大学保卫部（处）副调研员。

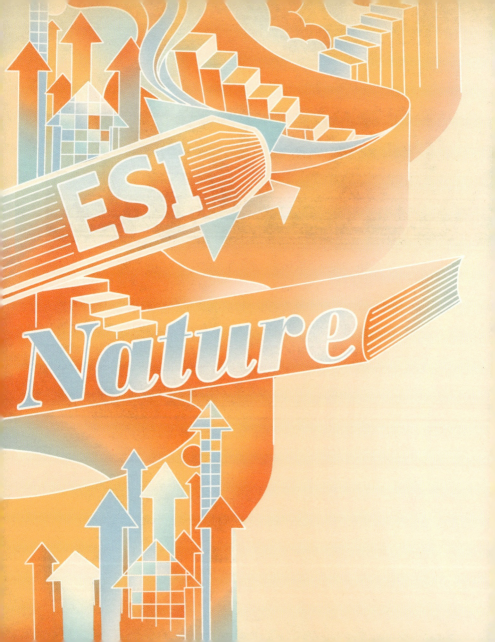

第九章 苏大硬实力

好大学的标准是什么?

优异的学科排名、雄厚的师资、优秀的学生或顶尖的科研水平……这些无疑是标尺,但不尽然。

努力培育、维持并不断提升核心竞争力,大学才能获取持续的、独具的、整体的竞争优势,肩负起培养人才、发展科学、服务社会的使命。

好大学,一定是有灵魂的大学!

好大学,是学生和老师都心向往之的大学!

好大学,一定是让学生发现更好的自己的大学!

当下,一切凭实力说话。

大学排行榜中的"苏大强"

截至2020年6月30日,全国高校共计3005所,其中普通高校2740所(含本科院校1258所、高职/专科院校1482所),成人高校265所。在这么多高校中,咱大苏处于什么位置?请看榜——

◆2019年2月,软科世界大学学术排名,苏大国际排名**151—200**,位列内地高校第**9—17**位;

◆2019年8月,2019—2020 CWUR世界大学排名,苏大国际排名**307**,位列内地高校第**21**位;

◆2019年9月,泰晤士世界大学排名,苏大国际排名**501—600**,位列内地高校第**18**位;

◆2019年10月,2020 U.S.News世界大学排名,苏大国际排名**388**,位列内地高校第**21**位;

◆2020年5月,武书连中国大学综合实力排行榜,苏大位列内地高校排名**22**位。

◆2020年9月,*Nature* 指数全球大学/机构学术排名,苏大国际排名**45**,位列内地高校/机构第**12**位。

这些榜单有国外研究机构的,有国内第三方排名的,或者称其为"民间的"。我们再来看一个官方权威的:2019年,江苏省属高校首次纳入全省年度综合考核,苏大首秀就荣获第一等次,其中高质量发展成效得分、办学治校满意度调查得分、综合考核总得分等均列本科高校(高水平高校)首位。苏州大学党委书记江涌作为全省72所省属高校唯一代表还在全省表彰大会上交流发言呢。

看到这一份份榜单,许多网友都点赞"苏大强"!咱作为土生土长的苏大人也由衷的自豪,苏大在各种排名中位次不断前移,说明苏大教育实力和办学质量显著提高,建设"国内一流、国际知名"的研究型大学行稳致远,可喜可贺。

当然也有人问我,苏大历史上不是39所"985"高校之一,为什么能在各种综合实力排名中挤进前30,"苏大强"究竟强在哪呢?我以为,师资队伍强、学科优势强、科研平台强、科研成果强是主要因素。不信,您可以打开苏州大学主页,看学校概况介绍,就一目了然,此处我就省略2000字啦。

很赞成教育部部长陈宝生说过的一段话:"对这些排名、这些评比,你可以去看它,去参考它,但是你不要在乎它,它评它的,我干我的。它仅仅是提供了一种观察和分析高等教育事业发展的角度,在那个角度上,我可以去寻找差距,但是在整体发展上我们要增强自信。"对各种排行榜,尊敬排名,不唯排名,重在走自己的路,建设中国特色的世界一流大学才是王道。

对这些,其实苏大很淡定。江涌书记在全省2019年度高质量发展总结表彰大会交流发言时说:"苏州大学将以永不止步的归零心态、激情燃烧的奋斗姿态,勇闯高等教育改革发展'深水区',努力在'双一流'建设征程上迈出更加坚实的步伐,努力为'强富美高'新江苏建设作出新的更大贡献。"

鼓掌,为苏大所取得的成绩;鼓掌,为苏大清醒的认识!

ESI排名,苏大走起

　　嗨,朋友们,我是ESI,全名叫Essential Science Indicators。我也有个中文名叫"基本科学指标"。嘻嘻,经常听见我的大名,今天终于有机会好好自我介绍下了。

　　别看我样貌低调,我可是很有"内涵"的,给你说说也无妨。你经常看到盛装亮相的我,背后其实是由引文排位(Citation Rankings)、高被引论文(Most Cited Papers)、引文分析(Citation Analysis)和评论报道(Commentary)4个分身综合组成的。我会以引文分析为基础,针对22个专业领域,通过论文数、引文数、篇均被引频次和单篇年均被引频次、平均年份、标准共引阈值、引文阈值等指标,利用我的秘密武器进行计算、衡量。听上去是不是很厉害?总而言之,只要认识了我,了解各国科研水平、期刊的声誉和影响力,以及科研机构和科学家的学术水平就更直观啦。

你说想了解下最近很活跃的小伙伴之一苏州大学？我来看看最新的数据哈。2020年1月ESI中国内地高校排名新鲜出炉，苏州大学是本次榜单的最大亮点，最近这些年进步神速，本次排名直接杀入前20名，位列第19位，是排名最高的"211"大学哦。

还有呢，苏大的化学、材料科学、临床医学、物理学、工程学、药学与毒理学、生物与生物化学、神经科学与行为科学、分子生物与遗传学、免疫学、数学、计算机科学、农业科学、环境科学与生态科学共14个学科进入我的榜单全球前1%，化学、材料科学2个学科更厉害了，排在全球前1‰呢，能上榜的可都是千里挑一、百里挑一的好专业呀，点赞点赞！

什么样的专业才能排上前列呀？那肯定是有雄厚的师资力量、明显的学科优势、优质的科研平台还有杰出的科研成就啦！当然啦，可爱的我只是学科实力的一种参考，感谢大家关注我，未来也要和苏大在内的众多小伙伴们共同继续努力，走好自己的路，一起合力建设有自身特色的世界一流高等学校。

祝贺苏州大学ESI排名走起！

探秘"宝藏"基地班

你听说了没？苏大有两个"宝藏"班，一个"文"能妙笔生花、一个"理"能运筹天下，保研率超过50%。今天，就让我们采访下这两个"宝藏"班的同学，解密"传说中的基地班"那些事！

"小苏"邀请"汉语言文学基地班小文同学""数学与应用数学基地班小理同学"加入群聊（群聊名称：基地班那些事）。

> 欢迎基地班的小文、小理做客小苏直播间！瓜子、花生、小板凳已经就位，快给大家说说到底什么是基地班吧！
> —— 小苏

> 小文
> 基地班呢，全名叫"国家基础学科人才培养基地"，是为了加强基础学科人才培养而设立的一种特色人才培养模式哦！1991年就有了"国家理科基础科学研究和教学人才培养基地"，后来又陆续建立了文科、工科、经济学、外语等基地班。

> 小理
> 对啦，咱们苏大有两个基地班，一个是小文同学所在的汉语言文学基地班，全国只有23个；还有一个就是我们数学与应用数学基地班啦，全国只有17个。不过我要告诉你，我们报考苏大时，填报的志愿一个是汉语言文学类，一个是数学类，到一年级学期结束时再分班，能分到这一文一理两个基地班的，都是大神😍呢！

小苏

听上去就很厉害！能具体说说基地班在学习培养上会有什么不一样的地方吗？

小苏

小文

偷偷说，来了基地班，许多"特权"都在等待优秀的你。比如，我们班就配备了全校最优秀的文科类教师，很多知名教授主讲，超强大的师资力量保证了我们能紧跟学术前沿，把握学界最新动态。说起来，章炳麟、吴梅、唐文治等是我们的太师爷，钱仲联、冯其庸、蒋天枢等等都算我们的大师兄哦，烟雨江南，文人墨客，来基地班，来文学院，可以说，没有一个地方集中了这么多但凡是文人无不青睐、无不向往、无不魂牵梦萦的元素。

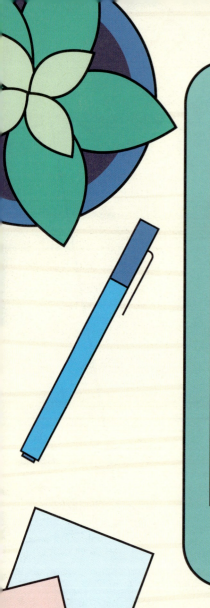

 小理: 哈哈,小文真的满满文科生的浪漫呀,我们理科也一点都不会枯燥哦!我们基地班的基地读书班、研讨班、师范基本功强化班、信息专业数据挖掘小组、统计专业调研课题组、金融数学实操课等等好多精彩活动任你选择,还有各类专业竞赛辅导等巩固并提升专业知识和专业技能,优秀本科生导师制更是能帮你赢在起跑线!

小苏: 都说基地班的保研率能达到50%,这是真的吗?

 小文: 当然是真的啦!每年身边都有太多优秀的小伙伴去国内外知名高校读研、读博,来了基地班,对有志于进一步深造的同学们来说机会简直太多了!

 小理: 没错!基地班非常注重基础研究能力的培养,打下的坚实学术基础对我们未来继续深造绝对是大有裨益的。举个例子,我们数学基地班2019年应届毕业生36人,年终就业率100%,其中出国(境)升学和国内升学共31人,分别在美国华盛顿大学、纽约大学、哥伦比亚大学、新加坡国立大学、中国科学院数学与系统科学研究所、中国科学院信息工程研究所、清华大学、复旦大学、中国科学技术大学等高校和科研机构深造。

最后,请两位学长学姐用一句话为自己的"宝藏班"打个call吧!

小苏

小文

小桥流水、私家园林、云烟氤氲中的文人气息,我在汉语言文学基地班等你来!

小理

那我也来模仿下:加减乘除、曲线弧度、运筹帷幄里的数理思维,数学与应用数学基地班等你Pick!

Nature舞台专业大秀

　　观众朋友们,大家好!欢迎来到"乘风破浪的专业舞台公演"现场!本期的"舞台"厉害了,是你绝对耳熟能详的知名大咖"秀场",那就是历史悠久的、最有名望的科学杂志之一——*Nature*"大秀"。

　　在苏州大学120周年校庆之际,*Nature*发布了主题特刊,在Thinking Big to Make a Difference"主题公演"里,百廿苏大最亮的办学成就、最新的科研成果,相信看完后你一定大饱眼福了!眼尖的你也许发现了"大秀"中有四个靓丽的身影,让我们走近这四位从众多学科中脱颖而出的实力担当,看看他们究竟凭什么"出道"!

全能担当：纺织科学与工程学科

Embroidery created with structurally coloured fibre produced by microfluidic technology.

2 cm

出道关键词：

纺织丝绸，国家重点学科，现代丝绸国家工程实验室

选手宣言：

诚谨勤朴，经纶天下

个人展示：

"种桑、养蚕、缫丝、织造、印染、服装设计与工程、服装表演"，凡是你能想到的我都能"配齐"！

如果你问我是谁，标签上写得很清楚，纺织工程学科为国家重点学科，纺织科学与工程学科为江苏省一级重点学科，并连续三次获批为江苏高校优势学科，在教育部第四轮学科评估中，学科全国排名第三，江苏省排名第一——当然，标签不能定义我，实力才是硬道理。

从1903年史量才先生创办的"私立女子蚕业学堂"走来，形成国内唯一与纺织丝绸产业链相关的完整教学与研究体系是我自信的来源，在国内仅有3个的纺织工程学科国家重点学科占据一席是我骄傲的成绩，多年被评为全国A++专业、拥有纺织工程领域中唯一的国家级科研平台"现代丝绸国家工程实验室"是我实力的证明。

沉迷学术无法自拔？10余个各类科研平台、超强的学科支撑平台、充足的经费，还有最一流的仪器设备让你勇敢飞。世界那么大，你想去看看？国际领先的丝绸学科的研究水平让你有底气，10多所国外高校的学术交流供你选。有服务社会的初心热情？我以服务经济社会发展为导向，以促进产业转型升级为宗旨，一大批活跃在科学研究、行业协会等各领域的教师手把手帮你……

忆往昔，看今朝，望未来，我的故事未完待续，和我一起加油吧！

实力担当：血液学科

出道关键词：

国内领先，院士专家领衔，血液病诊疗和研究"实力派"

选手宣言：

追寻医者初心，探究红色秘密

个人展示：

《血字的研究》里神探福尔摩斯从血字RACHE层层追踪、拨开迷雾。这不巧了，分析红色的秘密，我也是一把好手！

我是苏州大学附属第一医院血液学科。20世纪50年代，国内血液学先驱和奠基人之一陈悦书教授创建了我。1963年陈教授在苏州医学院建立了血液病研究室，在白血病的诊断和联合化疗方面成功"拓荒"。1981年阮长耿院士在苏州医

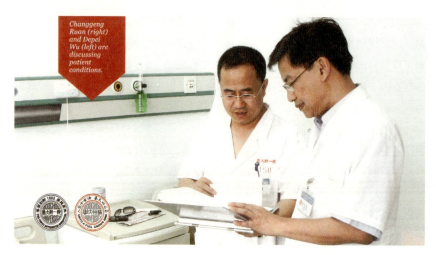

Changgeng Ruan (right) and Depei Wu (left) are discussing patient conditions.

学院建立了国内第一个血栓与止血研究室；1988年江苏省血液研究所成立，阮长耿教授任所长；吴德沛教授在国内首批开展造血干细胞移植，2014年，苏州大学造血干细胞移植研究所成立，吴德沛教授任所长。2009年，唐仲英血液学研究中心成立。有机会再带你详细了解血液学基础理论研究和技术创新方面数不清的"珍宝"。

我是国内最重要的出血与血栓性疾病诊治中心之一，是国内主要的血液肿瘤诊疗中心之一，是国内最重要的造血干细胞移植中心之一，许多专业诊断和治疗措施研究都处于国内领先水平。2019年实施各类造血干细胞移植近900例，排名国内领先、全球异基因移植数前五，"战绩"棒不棒？

我拿奖也是拿到手软，相关成果先后获得国家科技进步奖二等奖、江苏省科技进步一等奖、教育部科技进步一等奖等奖励。我集实验诊断、临床诊疗和转化研究团队三重"大招"于一体，已经是享誉海内外的重要血液病诊疗和研究中心，相信你们在江湖也一定听过我的传说，想要一起研究红色的秘密么？Pick me！

专业担当：放射医学

Zhifang Chai (left), renowned radiochemist and a member of the Chinese Academy of Sciences, is discussing with his team members.

出道关键词：

国家重点实验室，放射医学领域唯一国家重点学科，双"唯一"

选手宣言：

姑苏文盛，以医报国。苏大放医，人才渊薮

个人展示：

放射治疗、核医学、辐射防护……不瞒你们说，身边的伙伴看到我这些关键词就觉得我高冷，但专业的我也有帅气的一面呀，大家快来"康康"我——苏大放射医学。

有点害羞，但是我可是我国放射医学领域唯一的国家重点学科，也是江苏省和国防科工委重点学科及"211工程"重点建设学科；2019年我还获批了江苏高校一流本科专业建设点，从放射医学五年制本科，到临床医学(放射医学)七年制本硕连读，想再深造，放射医学博士点等你！想要开展时髦的交叉学科研究，入选江苏高校协同创新中心的"放射医学协同创新中心"满足你的需要。

铛铛铛！必须隆重介绍下我的撒手锏——放射医学与辐射防护国家重点实验室，笑傲江湖的大"杀器"，它是江苏省首个省部共建国家重点实验室，实现了苏州市和苏州大学国家重点实验室零的突破，也是我国放射医学领域中唯一的国家重点实验室。没错，重点学科和重点实验室的双"唯一"哦，不要夸我，我会骄傲的！坐镇实验室的柴之芳院士曾获国际放射分析化学和核化学领域的最高奖 George von Hevesy 奖，在这里，院士、杰青、长江学者等组成的放射医学及交叉科学研究的专家带你飞，放射医学、辐射防护、血液学、临床医学、药学、材料学、化学、核科学等多学科领域任你遨游。

有没有 get 到我的帅气呢？心动不如行动，苏大放医，走起！

活力担当：纳米科学

出道关键词：

先行者，排头兵，国家试点学院

选手宣言：

创新的种子在这里萌芽，冲鸭！

个人展示：

21世纪见证了纳米技术的出现，它是寻找解决世界上最复杂问题的方法与途径，所以和在座的老大哥们比起来，我最年轻，但可不能因为我年纪小就忽视我。创新、活力、勇往直前的勇气，这就是我——苏大纳米科学！

2008年苏大功能性纳米与软物质研究院（FUNSOM）成立了，这是一个国际性的跨学科的纳米研究中心。两年后，FUNSOM通过成立纳米科学技术学院（CNST）使我正式在这里扎稳了根。

作为全国17所之一、江苏省唯一的国家试点学院，我院由苏大、苏州工业园

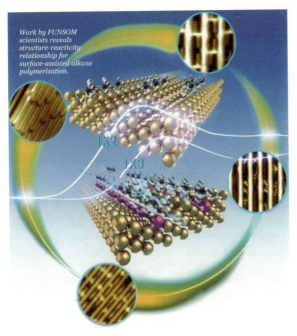

Work by FUNSOM scientists reveals structure-reactivity relationship for surface-assisted alkane polymerization.

区政府和加拿大滑铁卢大学携手共建，苏州纳米科技协同创新中心（NANO-CIC），成为首批14个国家合作创新中心之一……看这阵容，就能感受到我洋气的配置和硬气的实力了吧。

迄今为止，我们的研究人员在自然、科学、自然化学和自然能源等领域的相关学术期刊上发表了1900多篇论文，许多人成为纳米技术领域的领先科学家和工程师，其中包括6名在2019年被Clarivate Analytics评为"高被引科学家"；更不用说国际课程和英语授课课程，与来自21个国家/地区的40多个国际机构建立的合作关系。

不过，听上去这么专业，本科生能听懂，也能做科研吗？别担心！"早进团队、早进课题、早进实验室"的"三早制"早就为你安排上了。从大一起，学院就为每位本科生配备导师，经过专业培训后，本科生能直接操作使用总价值超过1亿元的先进实验平台设备，参与纳米领域最前沿的科研课题，本科生发论文不是梦！不要犹豫啦！Come on！加入我们！

这座"桥",连接着四海

自从基因被发现,破解人类基因密码就成为全球科学家的梦想。

2000年6月26日,与"曼哈顿原子弹计划"和"阿波罗计划"并称为三大科学计划的"人类基因组计划",由美国、英国、法国、德国、日本和中国的6国科学家共同宣布完成人类基因组草图绘制。在完成人类基因组的DNA测序后,探寻哺乳动物每个基因的功能成为生物医学领域的重要课题。

科学家把目光投向了与人类有超过90%基因同源性的小鼠,将小鼠胚胎干细胞进行单基因敲除后获得突变小鼠胚胎干细胞资源库,再将突变的小鼠胚胎干细胞培养成突变小鼠株,并对小鼠作表型分析,可系统性研究每个基因的功能、药物筛选和建立人类疾病模型。

位于英国剑桥的桑格研究所,为纪念因发明蛋白质和核酸测序而两次获得诺贝尔奖的英国生物化学家桑格命名。作为人类基因组计划英国参与方的核心技术单位,桑格研究所一直致力于引领全球合作者,解析基因的功能,迈入功能基因组的时代。

假如说桑格给了我们挖掘兵马俑的"洛阳铲",用以发现生命基因久远静态的文字古籍,那么桑格研究所的科学家们则用基因修饰的模式动物小鼠,搭建了许多宏观动态的舞台,用以模拟呈现多姿多彩的基因功能。而这个舞台最重要的建筑基石,就是耗资2000万欧元,涵盖1.6万基因的突变小鼠胚胎干细胞资源库。

2014年,苏州大学与剑桥桑格研究所精诚合作成立剑桥-苏大基因组资源中

心,成为全球四大小鼠胚胎干细胞中心之一。73万株突变小鼠胚胎干细胞飞越千山万水落户苏大独墅湖校区,用以支撑亚太48个国家与地区的相关科学研究。这让剑桥与苏州这两座充满了水和桥元素的小镇和城市,携手有了共同的目标。

如果说,桥接四海、海纳百川是科学工作者的价值观,那么不断创新、服务于社会与自然,则是他们从不间断的终极追求。

剑桥与苏大共同参与合作的功能基因组计划,也是目前G7国家认定的生命科学领域中唯一的全球基础合作工程。剑桥-苏大基因组资源中心除了和该计划参与单位的17个国家20多个国际顶级科研机构保持紧密联系外,也在不断拓展中亚中东科技合作,服务牵引汇聚各国、各学科的资源,既关注关键基础科学问题,也积极回应现实社会的重大需求。

剑桥通过近千年的锤炼,桥接世界各地的智慧结晶,碰撞、锻造、再启蒙影响全球的思想变革。而素以"小桥流水人家"著称的苏州,更是华夏文明中"上有天堂,下有苏杭"的典范。也许正是这许多充满烟火气的小桥,接引了无数充满活力、生命力的人性。剑桥-苏大基因组资源中心这座"桥",连接着四海,将为探索人类基因组奥秘而奉献力量。

55位院士,你是我们的骄傲

无论是在学界、还是在普通人心中,"两院院士"都是一个无比光荣的称号。在仰望这些学界泰斗的同时,可能很少有人关注过,中国"出产"两院院士最多的城市是哪里?答案是苏州,苏州籍院士数量长期以来位列全国第一,达到117位。人民路上的苏州名人馆为此特设了"院士专题厅",因为他们是苏州的骄傲。

其实在苏大,也有一个院士展厅,原来设在天赐庄校区图书馆,现在移到博物馆中。院士展厅以图文并茂的形式,集中展现了55位曾在苏州大学及其前身学

阮长耿
中国工程院院士

王志新
中国科学院院士
发展中国家科学院院士

潘君骅
中国工程院院士

李述汤
中国科学院院士
发展中国家科学院院士

柴之芳
中国科学院院士

刘忠范
中国科学院院士
发展中国家科学院院士

李永舫
中国科学院院士

于吉红
中国科学院院士
发展中国家科学院院士
欧洲科学院外籍院士

校学习、工作过的院士的生平事迹。55位院士分别来自数学、物理学、化学、材料学、地质学、经济学、语言学、农学、食品工程、人工智能等学科领域，其中包括39位中国科学院院士（学部委员）、11位中国工程院院士、5位海外院士。

当我们漫步博物馆司马德游泳池周边的院士展厅，明亮的顶部灯带与底部玻璃的蓝色波纹交相辉映，谈家桢、陈子元、郁铭芳、宋大祥、詹启敏、芮筱亭等一幅幅院士的相片镜框齐正环绕四周，令人肃然起敬，如一条灿烂的星河，向人们昭示着大学精神的无穷魅力。

据了解，目前在苏大工作的院士有13人，让我们一起领略他们的风采，向大师致敬。

凌晓峰
加拿大工程院院士

陈晓东
新西兰皇家科学院院士
澳大利亚工程院院士

郎建平
欧洲科学院院士

迟力峰
欧洲科学院外籍院士

时玉舫
欧洲科学院院士

刘庄：科研路上不走捷径的奔跑者

翻阅近五年的全球高被引科学家名录，你会惊讶地发现，苏州大学刘庄教授的名字高频出现。作为纳米生物医学这门新兴交叉学科的"80后"主力军，短短几年间，刘庄先后入选多个国家级人才计划，获得英国皇家化学会会士、美国医学与生物工程学院会士等多项荣誉。

不仅如此，刘庄团队的6位学生也凭借扎实功力赫然入选2019全球高被引科学家榜单。至今，刘庄所培养的青年才俊中已有11人任职教授或副教授，真可谓百花齐放春满园。

很多人会好奇刘庄的科研奋斗之旅和团队快速成长之谜。然而，刘庄的为人却并不像他的成绩那么"高调"。每当斩获科研新成就而被媒体关注采访时，他却常常在电话那头谦虚地婉拒，"还是少谈我的个人成绩，这些都是科研工作者应该做的事情"。低调务实的作风让人印象深刻。

如果说纳米技术发展的好时机为刘庄的科研事业按下"启动键",那么苏大这片科研热土,就为刘庄团队的科学研究按下了"快进键"。2018年苏州大学举办的国际青年学者东吴论坛上,刘庄讲述了自己作为青年教师依托苏大本土平台成长发展的故事,以此诚意向参会的青年学者发出邀请:"这里有充分的土壤将推动有能力有抱负的青年学者往前冲!"

对科研事业的执着追求体现在刘庄一步一个脚印的努力中。2009年的夏天,拥有家国情怀的刘庄在美国斯坦福大学学成归国并加盟由中科院院士李述汤教授组建的苏州大学功能纳米与软物质研究院。在学校给予的宽松科研氛围和独立科研平台下,三年不到,迅速发展的刘庄已独立发表通讯作者论文30篇。当时应《中国科学报》之邀,笔者采访了这位"不善言辞"的科研新秀。在一个多小时的交谈中,刘庄把更多的话题放在了致力攻关的科研项目上。当被问到"科研人员最重要的品质"时,他淡然地说:"科研之路并不平坦,唯有浓厚的兴趣和持之以恒的毅力,遇到困难不轻言放弃。"

作为导师,刘庄更是不含糊,会根据学生个体需求和就业意向分类培养。采访中,学生告诉笔者:"刘老师每晚都会约我们谈心谈话,每周末还要召集组会点评大家的科研进展。"受益于开阔的学术视野,刘庄带领的这支材料化学和生物医学背景的交叉学科团队,在创新思维和科学探索上得到了充分锻炼。

如今,刘庄除了做科研、带学生,还担当着"国家试点学院"——纳米科学技术学院执行院长一职,并且由他领衔的生物材料增效肿瘤免疫治疗的研究成果,也进入了技术产业化与临床转化的通道中。每天的工作千头万绪,高效踏实的刘庄却应付自如。比如,利用碎片化时间处理杂事,在出差路上修改论文。不过,每一次他都会早早地完成既定的工作任务,从不拖延。正如身边人所说:"刘教授的秘诀在于对时间的高效管理。"

也许,专注认真地做好每一件事情,就是刘庄不走捷径的"捷径"。

遇见敬文

  初见敬文，一如似水的江南女子，小家碧玉，温婉和煦。细细品来，却自有一股文人英气，有着说不尽的秀美俊逸。

  书院虽不大，但每一处景致都肥瘦相宜，增之一分则浓，减之一分则寡。半角方塔配上一分明月、两点微星的如梦夜景，走廊窗下水阔连波起的河岸风光，六角亭飞檐黛瓦的拙朴风物，处处令人流连。

  楼外景致出众，楼内亦有乾坤。你若喜丹青，可来书画演习室尽情泼墨，任

意挥洒；你若爱音乐，在琴房让性灵飞扬，音符流淌；你若好读书，积学书房里以心为舵，以书为舟，畅游学海，恣意汪洋；若是学习苦乏，神思困顿，也有咖啡厅供你放松休憩。书院如家，可供绾系思绪，寄托心灵。

书山有路，少不了良师指引。常任导师统筹教学，学业导师纾解困惑，社区导师关心生活，助理导师辅助工作。书院特设的导师如引路明灯，照亮学子的前进方向。宿管阿姨们，热情体贴，无微不至，让求学的莘莘学子感受到家的温馨。

学海无涯，缺不得益友相伴。与跨院系的同学为伍，开阔格局，增长视野，成为一个真正广博的人。丰富的学生组织和社团，好书漂流、三行有感、Vlog大赛……在丰富有趣的活动中，我们收获友谊与归属感。

每周三傍晚，敬文讲堂将世界最前沿领域的风光投影进象牙塔。名家讲座，

看名士大家挥斥方遒,慷慨激昂。文化传承、经典会通、艺术审美、创新探索四个系列如同四级阶梯,拾级而上,便可提升境界,开阔眼界,一览世界文化的多样风光。

为国储材,是书院一直以来的教育信仰。你若心怀远大,书院以3I工程、创客空间、创业计划为核心的创新型人才培养体系将带你进入科研的殿堂。你若志在四方,书院跨文化、跨国界的学习环境以及50%以上的海外研学体系将助你前往哈佛、斯坦福等世界一流学府研修深造,亲自去领略诗与远方。

自助助人,是每一位敬文学子的自我追求。70%以上的名校深造率是前五届的学长学姐们,用青春与汗水,谱写下的赫赫华章。2013级会计专业的毛惠斩获MODEL APEC全国冠军,有幸跟随习近平主席参加APEC会议,跨专业考取北大国际关系学院;2014级物联网专业的左辰豪自学自主研发出新型软件,并受邀参加苹果公司全球开发者大会;2015级数学与应用数学(基地)专业的李嘉琪勇夺MODEL APEC全国季军并出席芬兰Slush全球科技峰会,被美国圣路易斯华盛顿大学以全额奖学金录取……来到书院,你将能与绩点4.0的学霸谈笑风生,成为宿舍全员保研的"校园传说"亲历者,还有机会和名校直博的学霸们面对面交流学习。跨学科交流的学习环境,拼搏向前的学习氛围,让每一位追逐梦想的敬文学子都能在书院找到归属感,并获得不断前进的勇气和力量。

总是觉得书院里的那棵古银杏树最有敬文风韵。她默默无言,为树下莘莘学子遮蔽烈日风雨,待到落果之时,又总有群鸟来食,正应了那句"桃李不言,下自成蹊",与"明德至善,博学笃行"的院风暗合。

为国储材,自助助人。侬好,敬文,愿四年时光,与你相伴,与你同行。

小贴士:

敬文书院,定位于专业教育之外的"第二课堂"。书院以香港爱国实业家朱敬文先生名字命名,并弘扬"为国储材,自助助人"的敬文精神,希望以此激励和感召每一位有使命感、责任感的学子学有所成、回馈社会、报效祖国。

张煜棪：
从唐文治书院到哈佛的苏州小娘鱼

在苏州大学唐文治书院2015级本科生中，有一个女孩曾经收到了哈佛大学、斯坦福大学、杜克大学三所名校的offer并提前一年修满了本科学分取得学位，这个女孩叫张煜棪。

张煜棪是个典型的苏州小娘鱼，有灵气，热爱语言表达，热爱思考与创作，高中时代就有文学作品结集出版。在拿到苏州大学的录取通知书后，张煜棪毫不犹豫地申请进入唐文治书院学习。

2011年，苏州大学成立唐文治书院，在人才培养方案与教学体系上打通文史哲，强调经典研读，实施全程导师制，重视国际化培养，形成了自成一体的卓越人文学者培养新体系。

张煜棪入学后，在确定全程导师并与导师深入交流后，她明晰了未来发展方向，尤其是在杜克大学的那段时间，让她理解了跳开文学看文学，去理解文学更深层次的内涵。而书院实行的集中住宿制让同学们拉近了彼此的距离,生活细节、性格倾向都会被放大,这对于善于观察的张煜棪来说是好事。书院与部分国际名校建立了长期合作交流机制,注重强化英语训练,使学生真正掌握英语的听说读写能力。这些对张煜棪后来的出国交流帮助非常大,让她也有足够的能力去与世界对话。

"三个offer里,我还是选择了哈佛。"张煜棪在回顾自己一路从苏州大学迈进哈佛大学校门的时候表示,自己的幸运之处,除了唐文治书院给予的文史哲基础教育,学校开展的科研训练和对外交流

也是"一步步促使着我往前走,慢慢理顺思路、明晰未来方向的很重要的因素"。

2016年7月,张煜棪参加了杜克大学的全球人文与比较研究项目。她在现当代文学与电影课上,突然有了很奇妙的思维异动:"在异国他乡学习研究中国文学与电影,感觉还是很微妙的。中国文学是世界文学的一部分,大家用好奇、开放、迷恋、抽离的眼光去审视它,以直接、纯真、热烈的阅读与想象,对中国文学和这个文化上极为厚重的国家进行解读。"回国后,她把自己在杜克大学课程学习中的灵感与思考进行总结,作为一个研究课题申请了学校的"箐政基金"项目。在2018年"箐政基金"20周年年会上,张煜棪受邀发言,同大家分享了她的研究成果和"箐政基金"对她的影响:"'箐政'的经验告诉我要破除框架,让我身在文学又跳出文学,去思考个体的历史性、语言与现象、日常与非常、艺术与科学等等。"

她说,是唐文治书院的学习经历,给了她机会和能力,希望今后有机会能把这些创新人才培养理念传播或传承下去,让更多的人从中受益。

小贴士:

唐文治书院,定位于"第一课堂"开展博雅教育。书院以著名教育家唐文治先生的名字命名,将建立全新的研究型教学模式,探索本科教育和研究生教育的有机结合,体现现代大学制度的基本精神,突出民主办学、敬畏学术、教学相长、自我发展的特征,实施跨学科跨领域的教学方式,以培养复合型、学术型的高端文科人才为目标。

我的紫卿,我的家

回望过去一年在苏大的学习生活,才发现自己已经深深爱上了紫卿书院。

记得在入学教育期间,学院组织大家参观了太湖雪桑蚕文化园、震泽丝创园、美山子制衣、现代丝绸国家工程实验室,举行了一系列与专业有关的讲座。

参观期间,展览墙上的一句话深深打动了我:"蚕丝比我的生命还重要,它就是我的一生。孩子,蚕丝可以让你快乐一辈子——费达生"。这句话点燃了我心中的那盏灯,隐隐约约觉得就是她了,我将从事一生的纺织事业。后来了解到,费达生正是"中国蚕丝界泰斗"郑辟疆先生的夫人,而郑辟疆先生是苏州丝绸工学院的首任院长,紫卿书院的名字也是取自先生的字。这一切或许就是缘分吧。

参与这些活动，让我完全打消了心中对纺织专业的偏见，甚至有眼前一亮、相见恨晚的感觉。

大一上学期的纺织服装导论课是一门双语教学课程。授课老师让全班同学组队，成立自己的服装品牌公司，完成公司项目报告。这需要涉及公司描述、流行趋势研究、产品系列主题板块等内容，并要动手实践完成一个店铺模型的制作。起初，因为从来没有接触过这种开放式的教学模式，我感到有些困惑，但很快就喜欢上了。现在回想起来，小组成员们聚在一起商讨公司的名字、受众对象、系列产品，一起去五金店购买材料、设计和搭建店铺模型……这些合作、创意的作业形式，不仅让我收获了综合性的知识，也锻炼了实践动手能力和创新能力，是不同寻常的学习体验。

紫卿书院里不仅有条件完备的宿舍、自习室、图书馆，还有许多课余活动场所。琴房里总会传出悠扬的琴声，健身房总有同学锻炼的身影，舞蹈室也能看到同学们曼妙的舞姿。2020年元旦，全班举行包饺子活动，同学们在书院餐厅里一起包饺子、煮饺子，班主任还准备了游戏和奖品，给人留下了一段难忘的记忆。

"诚谨勤朴,经纶天下"是紫卿书院的院训。老师们常说,紫卿书院培养的学生要具有高尚的人文情怀,广阔的人生视野,宽厚的知识储备,更要有较强的工程实践能力、科研创新能力和国际竞争力。日常,班主任和辅导员老师经常会与同学们聊天,了解大家的学习生活情况。老师曾问到我未来的发展规划,我已给自己确定了目标,计划在大三时通过纺织工程学院与英国曼彻斯特大学的交流项目,前往曼大学习深造,完成我一直以来留学的梦想。

在苏大,在如家般温暖的紫卿书院,我找到了为之奋斗的目标。

小贴士:

紫卿书院,定位于打造"新工科"拔尖创新人才培养的试验场。书院取名"紫卿",缘于原苏州丝绸工学院院长、苏大纺织与服装工程学院创始人之一、近现代著名蚕丝教育家和革命家、被尊称为"中国蚕丝界泰斗"的郑辟疆先生。书院院训是"诚谨勤朴,经纶天下"。

后 记

侬好!这是一本口袋书,这是一份告白书,这是一群爱苏大的人随性写的小情书。

从一个想要以生动、接地气的方式讲述苏大故事的想法萌芽,到搜集史料、约稿访谈、征文收集、采写编撰,再到装帧设计、编校质检……亲眼见证一个想法、一份初心最终印刷成册,在苏大双甲子的特别年份留下一份心意,实属难得。这一份"新鲜"的尝试,凝聚着许多人的心血。

小明是这本小册子的召集人,基于共同的理想和心愿,他把一群主创人员迅速聚集,其中,治学严谨的万里放下架子写出小清新的风格,外宣"华山(姗)"组合提供了许多幕后故事,团委的"小青梅"提供了酷酷的心灵鸡汤,"苏小招"代言人余浩私人订制了不少美文,许多在校师生和校友分享了爱苏大的心得,苏大出版社社长盛惠良、总编陈兴昌和责任编辑欧阳雪芹付出了辛勤的劳动,我们对这些著名和"非著名"人士表示衷心的感谢。

诚然,对主创者来说,这次"新鲜的尝试"是不小的挑战,外加上时间仓促,定会有词不达意、言语差池和挂一漏万,敬请您批评指正!

本书成书时参考了诸多图文资料,这里不能一一罗列,真诚地道一声:谢谢侬!

图书在版编目(CIP)数据

侬好 苏大/《侬好 苏大》编写组编著. —苏州:
苏州大学出版社,2020.10(2022.7重印)
 ISBN 978-7-5672-3318-8

Ⅰ.①侬… Ⅱ.①侬… Ⅲ.①苏州大学—概况 Ⅳ.
①G649.285.53

中国版本图书馆CIP数据核字(2020)第169648号

侬好　苏大

编　　著	本书编写组
责任编辑	欧阳雪芹
装帧设计	盛　誉
出版发行	苏州大学出版社
出 版 人	盛惠良
地　　址	苏州市十梓街1号
邮　　编	215006
电　　话	0512-67481020 65222617(传真)
网　　址	http://www.sudapress.com
邮　　箱	sdcbs@suda.edu.cn
印　　刷	苏州市越洋印刷有限公司
开　　本	889mm×1 194mm　1/32　印张 7.75　字数 198千
版　　次	2020年10月 第1版　2022年 7月 第4次印刷
书　　号	ISBN 978-7-5672-3318-8
定　　价	58.00元

本书如有印装质量问题,请与营销部(0512-67481020)联系调换
版权所有　侵权必究